難関大に合格する

英文解釈 *Cracking the Code*

Code70

「難しい英文」の読み方を
わかりやすく伝えるプロ英語講師 杉村年彦

かんき出版

JN064572

はじめに

　こんにちは！ 杉村年彦です。本書を開いているあなたは、難しい英文を正確に読めず悩んでいる人、あるいは英文解釈の力をさらに伸ばしたいという人でしょう。そんなあなたにとって、きっと本書が力になるはずです！

　本書『難関大に合格する英文解釈 Code70』は、難関大学レベルの英語を正確に読めるようになることを目標に設計されています。本書の5つの特長を紹介しましょう。

1 クイズ形式で英文解釈のポイントが学べる

　自分で英文解釈を勉強してみても、「訳をチェックするだけの勉強になりがちで、あまり効果を感じられなかった」と言う生徒に数多く出会ってきました。そこで本書では、英文に対するクイズを作りました。**クイズに答えていくことで、英文解釈の力を伸ばすのに必要なポイントと思考の過程が、順を追ってわかります。**

2 出題データの徹底分析に基づいた内容構成

　難関大学の問題を過去20年間にわたり、選択肢の英文まで徹底的に分析しました。「教えたいこと」ではなく、**「繰り返し出題されていること」**に徹底的にこだわりました。難関大合格のために必ず身につけるべき内容に集中して取り組むことができます。

3 例文を含めほぼすべて、難関大学で出題された英文を引用

　第2講を除き、問題としている英文はすべて難関大で和訳問題として出題された箇所です。さらに、説明の中で用いる英文も、ほぼすべて難関大で和訳問題として出題された箇所にしています（そうでない場合は明記しています）。すべてのページで、難関大のレベルを肌で感じることができます。

4 「間違えた読み方」にあえて言及した解説

　英文解釈に重要な技能の1つは、読み間違いに自分で気づき、正しい読み方へと修正する能力です。本書では、なぜその読み方ではいけないのか、どのように頭を働かせれば正しい読み方にたどり着けるのかを解説しました。**読みの「結果」ではなく「プロセス」を重視した解説を理解することで、自分の力で英語を正しく読む力を養成することができます。**

5 | 速読につながる「よく使われる形」への言及

単語や熟語の範疇に収まらない、「よく使われる形」（定型表現）を積極的に紹介しました。頭の使い方を学ぶだけでなく、**よく使われる形も同時に覚えていくことで、正確に読む精読力とともに速読力も向上させること**ができます。

Chapter1では英文解釈の基礎を30個のルールにまとめました。Chapter2では応用力をつけるために、さらなる30個のルールを学びます。さらにコラムとして、速読力を上げるコツを『**英文速読のSecret Codes**』として10個紹介しています。すぐに実践できる内容を紹介していますから、ぜひ参考にしてみてください。

本書の執筆に際しては、数多くの本や論文を参考にしました。連綿と受け継がれ、積み上げられてきた「知」に感謝いたします。おかげさまで、伝統と革新の融合した1冊を作り上げることができました。元・駿台予備学校英語科の伊藤和夫先生は、その著書『英文解釈教室』のはしがきで、「教師もまた学生によって作られるものではないだろうか」と述べました。英語を教えて10年以上が過ぎ、私もこの言葉が意味することを実感するようになってきました。今まで私の授業を受けてくれた生徒がいなければ、この本を書き上げることはできなかったでしょう。本書はこれまで関わってきた生徒たちの作品でもあると言えるかもしれません。

そして、まだ現時点ではこの本は未完成です。本書に取り組んでくれるあなたが最後までやり遂げ、難関大レベルの英文の正しい読み方を身につけて初めて、この本は完成するのです。そういった意味では、この本はあなたの作品でもあります。本書が英文解釈力向上の一助となり、ひいては志望校合格に貢献することができたならば、これに勝る喜びはありません。

謝 辞

PHOTOGLISH代表、岡﨑修平先生のご紹介が、本書執筆のきっかけとなりました。四谷学院の家田啓示先生、同僚の野口剛先生には、丁寧に原稿にお目通しいただき、的確なご指摘を数多く頂きました。かんき出版の大倉祥さんは、常に迅速なフィードバックを返してくださり、支えてくださりました。その他、本書の制作にお力添えいただいたすべての方にこの場を借りて感謝申し上げます。

CONTENTS

Chapter 1 精読ルールを理解せよ! 英文解釈のEssential Codes

Chapter 2 和訳で満点をねらえ! 合格へのPractical Codes

本書の使い方

第1章、第2章で学ぶ60のCodeでは
「繰り返し出題されているポイント」を厳選しています。
読み飛ばすことなく第1講から取り組んでください。

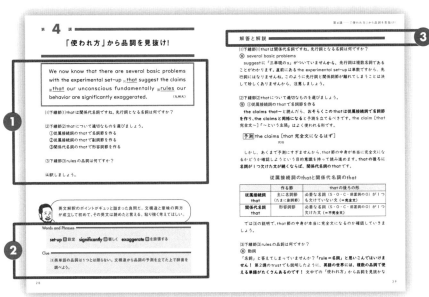

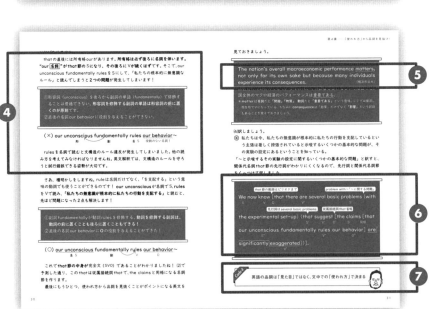

① 正しく訳すための「思考の過程」を学べるように、
クイズ形式にしています。

② 手も足も出ない場合にはWords and Phrases（語彙）や
Clue（ヒント）を参考にしてください。

③ 解説をきちんと読むことで
「正しい頭の働かせ方」がわかります。

④ よくある「間違えた読み方」にも言及しています。

⑤ 例文もほぼすべて難関大で
和訳問題として出題された英文を引用しています。

⑥ 正しい読み方で各講の英文を読んだ場合の構造図です。
この図を再現できるようになれば、あとは正確に訳すのみです。

⑦ 各講の要点を一言でまとめました。

精読と速読を使い分けろ!
『速読のSecret Codes』

共通テストや難関大の長文問題では、
速読のスキルが求められます。英文
解釈を通して学んだ技術を速読でど
のように活かせるのか、10のCodeに
集約しています。

英文解釈を学ぶべき5つの理由

　本書では「英文解釈」を、「英語の文構造を正確に把握し、その文の意味を理解すること。必要があれば、文構造と意味の理解を基に適切な日本語に直すこと」という意味で使います。簡単に言えば「英文解釈力」とは、「正確に読んで理解して、必要ならば日本語に訳せる力」ということです。

なぜ英文解釈を学ぶ必要があるのか？

1 | 英語の成績が高いレベルで安定するようになるから

「英語の成績が良かったり悪かったり不安定」

「フィーリングが合った英文ならスラスラ読めるけど、そうじゃない英文はお手上げ」

「試験中の手応えと結果が一致しない」

「読めた！ と思っても、訳を見たら全然違うことがある」

　1つでも当てはまるなら、英文解釈を学ぶことが英語の成績を伸ばす突破口になるでしょう！ 今のあなたは、**単語の意味と背景知識などから、自分なりに話を創作している可能性が高い**と言えます。その創作の方向性が当たった時は高い得点になりますが、そうでない時は成績が振るいません。自分の読みが正しいかどうかを判定する基準を持たないので、自分では読めたつもりでも、実は全く違った読み方をしていたりするのです。英文解釈の技能を磨くことで、「こうとしか読めない」という正しい読み方を自分で判断できるようになり、成績が高いレベルで安定するようになりますよ！

2 | 和訳問題などの日本語記述式問題で安定して高得点を取ることができるようになり、内容一致問題の正答率も上がるから

　英文解釈を学ぶことで、和訳問題などの記述式の問題で安定して高得点を取ることができるようになるのは当たり前ですね。しかし、勘違いしてはいけないのは、**和訳が出ないなら英文解釈を学ばなくてよいというわけではない**ということです。和訳問題が出ない大学でも、長文問題では非常に高い確率で内容一致問題が出題されますね。内容一致問題で問われていることは何でしょう

か？ そう！「英文を正確に読めているかどうか」ですね。大学入試の英語の問題の多くを読解問題が占めます。そして和訳にせよ内容一致にせよ、読解問題では「正確に読んで理解する力」が求められているわけです。また、内容一致問題の選択肢の意味を正確に把握する上でも、英文解釈力が求められます。文脈がないぶん、実は選択肢の方が難しいこともあるのです。

3 ┃ 「正確さ」と「速読」の両立が可能になるから

　近年の大学入試の英語では、英文の分量がどんどん増えています。分量が多いことで有名なTOEIC® Listening & Reading Testで複数回満点を取得している私でも、その量に驚くことがあります。この「量」に圧倒されてしまうと、速度ばかりを追い求めた英語の勉強になってしまいがちです。実際、私が決まって受ける相談の1つが、速読の悩みです。

　実はなんと、**英文解釈を正しく学ぶことが「正確さ」と「速読」の両立を可能にする有力な方法の1つなのです！** 英文解釈の技法を正しく学ぶと、文構造予測の的中率が上がります。また、よく使われる形を意識的にインプットすることができるので、さらに予測の的中率を上げていくことができます。予測ができれば、後ろは「確認」のモードで読むことができるようになるので、正確さを失わずに速度を上げることができるのです！

4 ┃ 英作文の力が伸びるから

　意外に思うかもしれませんが、正しく英文解釈を学べば、英作文の力が伸びます。「正しい読み方」と「間違えた読み方」を自分で判別できるようになれば、**自分の書いた英語の文構造が正しいか間違えているかも判断できる**ようになります。また、上でも述べたように、英文解釈を通してよく使われる形をインプットできるので、そのまま英作文で使うことができるのです。

5 ┃ リスニングの力も伸びるから

　これまた意外に思うかもしれませんが、多くの人が苦手意識を持つリスニングの向上にも、英文解釈の学習が役立ちます。英文解釈を学ぶことで、予測ができるようになると述べましたね。この予測力の向上によって、**音から意味を処理する認知的負荷が軽減され、リスニングの理解力が上がる**のです。

英文解釈に必須の基礎知識

　英文法の基礎知識をまとめました。14ページ以降に取り組んでみて、知識の確認や整理をしたい場合には、こちらを参照してください。

● 5文型

文型	基本訳
① SV	「SはVする」
② SVC	「SはCである」（S=C）　「SはCにVする」（S=C）
③ SVO	「SはOをVする」
④ SVO_1O_2	「SはO_1にO_2をVする」
⑤ SVOC	「SはOがCであるとVする」（O=C） 「SはOをCにVする」（O=C） 「SはOがCするのをVする」 ──────（OとCにSV関係）

● 文型ごとの動詞の意味の系統

① SV	「いる」「ある」（存在系）、「動く」（移動系）
② SVC	「＝」（Sの状態を表す）、「になる」（Sの変化した結果を表す）
③ SVO	Oがthat節の時は「思う」、「言う」、「わかる」
④ SVO_1O_2	「与える」 （「与えない」「取り去る［奪う］」になる動詞もあり、第7講で扱います）。
⑤ SVOC	「認識する」、「させる」

＊例外はたくさんある。「試験本番での救いになるかも」くらいの期待度で参考に。

● 主な品詞表

動詞	準動詞と述語動詞の見極めが大切（第12講で扱います）。
名詞 ［ ］	①S　②O　③C　④前置詞のO　⑤同格（M） ⑥副詞的目的格（M）
形容詞 （ ）	名詞を修飾。　①M　②C
副詞 ＜ ＞	名詞以外（動詞・形容詞・副詞・文全体）を修飾。　M
前置詞	名詞（前置詞のO）と1セットで①形容詞句（M）②副詞句（M） ＊正確には形容詞句ならばCになることもありますが、本書では熟語表現を除き、基本的にMとして扱います。

接続詞	等位接続詞 文法的に対等なものをつなぐ（and, but, orなど）
	従属接続詞 副詞節を作る。ただしthat, if, whetherは名詞節も作る（＊thatは名詞節を作るのが普通）。

句：SVなしの2語以上のカタマリ　　節：SVありの2語以上のカタマリ

●述語動詞（V）まとめ
①現在形　②過去形　③命令文（原形）　④助動詞＋原形
⑤仮定法現在（原形）　⑥受動態（be動詞+p.p.）　⑦完了（have+p.p.）
⑧進行形（be動詞＋ing形）

●準動詞まとめ
①to不定詞（to＋原形）　②動名詞（ing形）　③分詞の形容詞用法（p.p.、ing形）
④分詞構文（p.p.、ing形）　⑤知覚・使役動詞のC（原形、p.p.、ing形）

●名詞のカタマリを作る主なもの
句：①to不定詞の名詞用法　②疑問詞＋to不定詞
　　③動名詞
節：④従属接続詞that, if, whether
　　⑤疑問詞　⑥関係代名詞what　⑦複合関係代名詞、複合関係形容詞
　　⑧先行詞の省略された関係副詞

●形容詞のカタマリを作る主なもの
句：①前置詞＋名詞　②to不定詞の形容詞用法
　　③分詞の形容詞用法
節：④関係代名詞（whatを除く）　⑤関係副詞

●副詞のカタマリを作る主なもの
句：①前置詞＋名詞　②to不定詞の副詞用法　③分詞構文
節：④従属接続詞　⑤複合関係詞

本書で使用している記号と略語

[　　]…名詞（名詞・名詞句・名詞節）

（　　）…形容詞（形容詞・形容詞句・形容詞節）

＜　　＞…副詞（副詞・副詞句・副詞節）

＊どのカッコが何詞を表すかは、書籍によって違いがありますから注意してください。

S'やS"…'と"は従属節の文の要素であることを表します。

●注記

・本書の記述範囲を超えるご質問（解法の個別指導依頼など）につきましては、お答えいたしかねます。あらかじめご了承ください。

・本書に引用し掲載している入試問題は、一部改変をしている場合がございます。また、東京大学をはじめとする各大学の過去問については、解答・解説ともに大学が公表したものではない点にご留意ください。

ブックデザイン　喜來詩織（エントツ）

イラスト　髙栁浩太郎

DTP　ニッタプリントサービス

精読ルールを理解せよ!
英文解釈の
Essential Codes

Chapter 1 では難関大の英文解釈に必要な内容を、基礎から学びます。「基礎」というのは決して簡単な内容ということではなく、強固な英文解釈力を作り上げるための「礎」となるものです。例えば、ピラミッドを想像してみてください。強く大きい土台を築くことができれば、それに応じてピラミッドを大きくしていくことができますね。この章を通して、大きく強固な英文解釈の基礎を築きましょう。やり終えた時には、「本書を開く前にはどのように英語を読んでいたのだろうか……」と不思議に思ってしまうほどに、正しい頭の働かせ方がわかるようになっているはずです。

名詞の役割を把握せよ！ ①

> Food and feelings become mixed from early childhood, according to some theories of relationships based on food and feeding. Right from the start food becomes a way to satisfy our feelings, and throughout life feelings influence when, what and how much we eat.
>
> （東京大）

(1)下線部（Right～）のSVを答えましょう。

(2)波線部（throughout～）の主節のSVを答えましょう。

(3)2文目（Rightから最後まで）を訳しましょう。

いきなり東京大の英文で面食らってしまったかもしれないね。
英文解釈の基礎力を測る良問だから、丁寧に取り組んでみてほしい。

Clue

(1)Rightがポイント。

解答と解説

(1)下線部（Right～）のSVを答えましょう。

答 S: food　　　　V: becomes

　英文を読む際は、まずは**「Sを見つけよう」**という目的意識を持ちましょう。Sになるのは原則、名詞です。**「名詞を制する者は英文解釈を制する」**と言ってもいいほど名詞は大切で、名詞の役割の把握は英文解釈の最重要ポイントとなります。名詞の役割は全部で6つありますが、ここではまず主な役割として、以下の4つを覚えましょう！

名詞の主な役割4つ

①S（主語）②O（目的語）③C（補語）④前置詞のO（前置詞の目的語）

＊O（目的語）には②動詞のOと④前置詞のO の2つがあります。本書では動詞のOは「動詞の」を省略して「O」と書きます。

＊前置詞は名詞と1セットで形容詞句か副詞句を作り、M（修飾語）になるのが基本です。前置詞と1セットになる名詞が「前置詞のO」です。

　文中に出てきたすべての名詞に役割を与えられるかどうかが、その英文を正確に読めているか否かを判断できるチェックポイントになります。**役割を与えられない名詞があるならば、その英文はまだ正確に読めていないのです！**

　英文解釈はSを探すことから始まります。Sはどうやって見つければよいのでしょうか？ 原則的には、**最初に出会う、前置詞のつかない名詞がS**になります。この英文はRightから始まりますね。Rightは名詞で「右」や「権利」といった意味がありますから、これがSでしょうか？

　Sが見つかったら次は、**「V（述語動詞）を見つけよう」**という目的意識を持ちましょう。そうすると becomes が見つかりますね。**「三単現のs」**（三人称単数現在形変化のs）がついていますから、**becomes は必ずV（述語動詞）**です。

　動詞の活用形は**①原形 ②現在形 ③過去形 ④過去分詞形（p.p.）⑤ing形**の5つがあり、**②現在形と③過去形は必ずV（述語動詞）になります！** 一方、**①原形 ④過去分詞形（p.p.）⑤ing形**は、V（述語動詞）になるだけでなく、準動詞になる可能性もあります（第12講参照）。

動詞の活用形

原形	現在形＝Ｖ	過去形＝Ｖ	過去分詞形 （p.p.）	ing形
become	become(s)	became	become	becoming
influence	influence(s)	influenced	influenced	influencing

　ＳがRight「権利」でＶがbecomesだと考えると、「権利は私たちの感情を満たす方法になる」となりますが、from the start foodをどう処理すれば意味が通るでしょうか？ また、前文には「食べ物と感情は幼少期から混じり合ったものになる」とあります。ここで「権利」の話が突然出てくるのは文脈に合わない感じがしますね。他の読み方がないか考え直してみましょう。文構造と意味の両方が成立しない限り、その英文はまだ読めていません。読めていないことに気づき、他の読み方を考え直せることが大切です。

　……種明かしをしましょう。**実はここのRightは名詞ではなく副詞で、前置詞句（副詞句）from the startを修飾しているのです！** 副詞はＭになります。前置詞句もＭです。そしてその後に出てくる**food**が、最初に出会う前置詞のつかない名詞ですから、これがＳです！

　"right＋前置詞句"はよく使われる形です。「まさに〜」「すぐに〜」といった訳だと覚えておきましょう。例えば**right in front of〜**「〜のまさに真ん前で」や**right after〜**「〜のすぐ後」などです。実は今回の文では、Right from the startを見た時点で"right＋前置詞句"であると解釈し、RightがＳであるという解釈は頭に浮かばないのが理想です。よく使われる形を覚えておくと英文解釈の正確さと速度が増しますから、積極的に覚えるようにしましょう。

　英文がＭで始まった場合、Ｍの終わり（Ｓの直前）にカンマを置いてくれることが多いのですが、今回の英文ではそのカンマがありませんね。少しイジワルな見た目になっていて、Ｓの発見の難易度が上がっています！

Sの発見が難しくなる形

普通の形	＜Ｍ＞, Ｓ Ｖ～
難しい形	＜Ｍ＞ Ｓ Ｖ～ ← Ｍの終わりにカンマがない!

(2)波線部（throughout～）の主節のＳＶを答えましょう。

㊑ S: feelings　　　　V: influence

　throughoutは前置詞です。**throughout life が前置詞句（副詞句）でＭにな
り、feelingsがＳ**です。これも**Ｍの終わりにカンマがない**のが難しいポイント
ですね。

(3)2文目（Rightから最後まで）を訳しましょう。

㊑ 食べ物と摂食に基づいた関係性についてのいくつかの理論によると、食べ
　　物と感情は、幼少期から混じり合ったものになる。まさに人生の始まりか
　　ら、食べ物は私たちの感情を満たす手段となり、そして生涯を通して、感
　　情は、私たちがいつ、何を、どれくらいの量食べるのかに影響を与える。

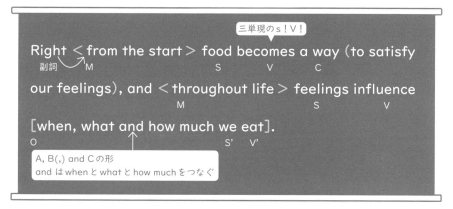

三単現のｓ! Ｖ!

Right ＜from the start＞ food becomes a way (to satisfy
副詞　　　Ｍ　　　　　　　Ｓ　　　Ｖ　　Ｃ
our feelings), and ＜throughout life＞ feelings influence
　　　　　　　　　　　　Ｍ　　　　　　　Ｓ　　　Ｖ
[when, what and how much we eat].
Ｏ　　　　　　　　　　　　Ｓ'　Ｖ'

A, B(,) and C の形
and は when と what と how much をつなぐ

最初に出会う前置詞のつかない名詞がSになる
Ｍの終わりにカンマのない、イジワルな形に注意!

名詞の役割を把握せよ！ ②

> If you were asked to fall backward into the arms of
> a stranger, would you have trust the other person to
> catch you?
>
> （東京大）

(1)上の英文には文法上取り除かなければならない語が一語あります。その語を
指摘しましょう。

(2)訳しましょう。

試験では誤文訂正問題で出題された英文だが、英文解釈の基礎力を
測るのに最適な問題だ。根拠を持って答えられるかな？

Clue

(1)would you以降に取り除くべき語がある。

解 答 と 解 説

(1)上の英文には文法上取り除かなければならない語が一語あります。その語を指摘しましょう。

㊜ have

第2講のポイントも第1講に引き続き、**名詞の役割の把握**です。今回の文で出会う名詞の役割をすべて考えていきましょう。まずはIf節からです。

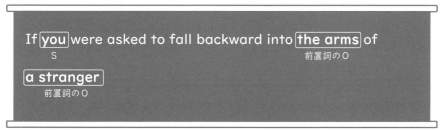

If節中のすべての名詞の役割を把握することができましたね。「ここまでは正確に読めている」と判断してOKです。

では次に、主節（would以降）の名詞の役割を考えていきましょう。

```
would you have trust the other person to catch you ?
       S     O     ???                        (O)
```
＊to catch は to不定詞で準動詞（第12講参照）です。準動詞のOやCは (O) や (C) のようにカッコをつけて表記します。

the other person を見て、「……?」となることができましたか？ the other person は S(you) V(would have) O(trust) の後ろにある名詞ですから、S にはなりません。前に前置詞がありませんから、前置詞のOにもなりませんね。ということは、残る可能性は**O**か**C**です。順に考えていきましょう。

the other personが**O**だとすると、trustがO_1でthe other personがO_2になりますね。

would you have trust <u>the other person</u> to catch you?
　　　S　　V　　O_1　　　　O_2

SVO₁O₂文型（第4文型）だとしたら「SはO₁にO₂をVする」と訳すことになります。その通りに訳してみると、「信頼に相手をhaveする」となりますが、うまく意味が通りそうにありませんね。

　さらにもうひとつ。**そもそもhaveはSVO₁O₂文型で使える動詞なのでしょうか？** 実は英語の動詞はすべて、5文型のどれでも自由に使えるというわけではありません。それぞれの動詞には、どの文型で使うことができるかの制約があります。動詞のhaveを、例えば『ジーニアス英和辞典』で引いてみると、SVO₁O₂の記述は見当たりません。つまり、haveはSVO₁O₂文型では使えないのです！ 動詞の語法の観点からも、the other personにOの役割を与えることはできないとわかりました。

　次にthe other personがCになれるかどうかを考えてみます。

would you have trust <u>the other person</u> to catch you?
　　　　S　　　V　　　O　　　　　　　　C

　SVOC文型（第5文型）**でCの位置に名詞がある時は、「O＝C」が成立しなければなりません。**trust「信頼」＝ the other person「相手」は成立するでしょうか？ ……**しないですよね。the other personにCの役割も与えることができないとわかりました。**

　ここまで考えれば、この問題の出題者の意図が透けて見えてきましたね。この問題は、**「一語削除して、名詞the other personに役割を与えよ！」**という問題なのです。では、どの単語を削除すれば、the other personに役割を与えられるでしょうか？ 一度考え直してみてください。

　では、種明かしをしましょう。haveを削除し、trustをVにすると、the other personにOの役割を与えることができます！

would you ~~have~~ trust <u>the other person</u> to catch you?
　　　　S　　　　　V　　　　　O

　trust は名詞で「信頼」という意味がありますが、動詞で「を信頼する」という意味で使うこともできるのです! trust のように、見た目は同じままで複数の品詞で使える単語が英語の世界にはたくさんあり、文中空所補充問題や語句整序問題でもよくねらわれるポイントです。また、trust は品詞が変わっても同じような意味ですが、品詞が変わると全く違う意味になる単語もあります。例えば present は名詞なら「贈り物」、動詞なら「与える」という意味ですが、形容詞では「現在の」や「存在している」という全く違う意味になります。品詞と意味をセットで覚えるようにしておきましょう。

　この問題を正しい根拠で正解できた人は、英文解釈の良い姿勢が身についています。さらに高い力を身につけるべく、引き続き頑張っていきましょう!

　一方、正しい根拠で正解できなかった人は、なんとなくで英文を読むクセがついてしまっているはずです。本書は、はっきりと正しく英文を読むことができるようになることを目指して設計されています。本書の組み立てに従って学習を行い、難関大合格レベルの英文解釈力を身につけましょう!

⑵訳しましょう。

 もし見知らぬ人の両腕の中へと後ろ向きに倒れるように頼まれたならば、相手が自分を受け止めてくれると信じますか。

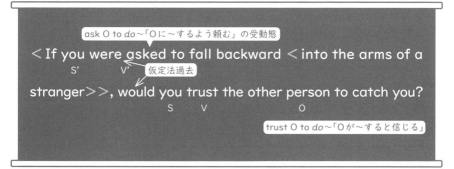

ask O to do ~「Oに~するよう頼む」の受動態

< If you were asked to fall backward < into the arms of a
　 S'　　　　V'　　┌仮定法過去┐
stranger>>, would you trust the other person to catch you?
　　　　　　　　　 S　　 V　　　　　　　O

trust O to do ~「Oが~すると信じる」

Code 2

名詞の主な役割は①S　②O　③C　④前置詞のO

名詞の役割を把握せよ！③

I love my laptop and my iPhone and my Echo and my GPS, but the piece of technology I would be most reluctant to give up, the one that changed my life from the first day I used it, and that I'm still reliant on every waking hour — am reliant on right now, as I sit typing — dates from the thirteenth century: my glasses.

（大阪大）

(1) the one の one は名詞ですね。ではその役割は何ですか？
　① S　　② O　　③ C　　④ 前置詞の O　　⑤ ①から④に正解なし

(2) 前置詞 on の目的語は何ですか？

(3) 下線部の主節の SV を答えましょう。

(4) 下線部を訳しましょう。

1文が長く、途中で文構造を見失ってしまいそうだね。一回で読める必要なんかない。繰り返し読み直してでも、正確に読めることが大切だ。

Words and Phrases

Echo 名 エコー（Amazonが開発したスマートスピーカー）
reliant 形 頼りにしている　**date from〜** 動 〜を起源とする

Clue

(3) ダッシュ（—）で挟まれている部分は M になる。文構造を考える時は、< >をつけて1回無視してOK。

解答と解説

(1) the one の one は名詞ですね。ではその役割は何ですか？

㊂ ⑤ ①から④に正解なし

　the one は the piece of technology と同格になっています。第1講で名詞の役割は6つあり、その中で**主な役割は①S ②O ③C ④前置詞のO**の4つであると学びましたね。残りの2つは名詞がMになるもので、**「例外的な役割」**としてまとめます。**名詞の例外的な役割は①同格と②副詞的目的格の2つ**です。まず**同格**について学びましょう。

名詞がMになる時　①同格

同格とは、**ある名詞を別の名詞で言い換えて説明する**ものです。「＝」の関係を作ると考えてもいいでしょう。

主な同格の形2つ

(1)**名詞A(,) 名詞B** （名詞Bが同格の役割）
　　　　↑——「同格のカンマ」カンマはあることのほうが多い。

Subsequent study revealed that they* belonged to a previously unknown species of humans, similar to, but distinct from our own species, *Homo sapiens*.　（名古屋大）

*they は unusual-looking bones「珍しい見た目の骨」のこと。

その後の研究で、それらは私たち自身の種であるホモサピエンスに似てはいるが異なっている、以前には知られていなかった人類の種に属することが明らかになった。

＊最後の*Homo sapiens*が our own species と同格。"our own species ＝ *Homo sapiens*"。
　等位接続詞 but は similar to と distinct from をつないでいる。similar to〜*Homo sapiens* は
　形容詞のカタマリとなり、後ろから a previously unknown species of humans を修飾（第6
　講で詳しく扱います）。

(2)**名詞 [that 完全文〜]** 「**〜という名詞**」←第20講で詳しく扱います。
　　　↑——従属接続詞 that の作る名詞節が同格になる。

　今回の文では関係代名詞節（I would be most reluctant to give up）のせいで、上の黒板で見た(1)の形のように2つの名詞が横並びになる形になっておらず、離れてしまっているのが難しいポイントです。one が同格であると気づくためには、以下のように考えます。

oneが同格であると気づくための思考プロセス

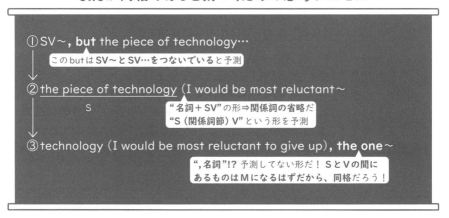

① SV～, **but** the piece of technology…

> このbutは**SV～とSV…をつないでいる**と予測

② the piece of technology (I would be most reluctant～
S

> "名詞＋SV"の形⇒関係詞の省略だ
> "S（関係詞節）V"という形を予測

③ technology (I would be most reluctant to give up), **the one**～

> ",名詞"!? 予測してない形だ！ SとVの間に
> あるものはMになるはずだから、同格だろう！

　実は"名詞，(the) one～"という形の同格は**よく使われる**ことも覚えておきましょう。この形を見て、「たぶん同格だ」と思えるようになっておくと、より速く読めるようになりますよ。

⑵前置詞 on の目的語は何ですか？

答 that（関係代名詞）

　等位接続詞andは関係代名詞that節をつないでいます。every waking hourをonの目的語と考えると、**関係代名詞thatに役割を与えることができません。**「**関係代名詞は①形容詞節を作り、②節内で名詞（＝S・O・C・前置詞のO）になる**」という基本ルールを覚えておきましょう。関係代名詞の後ろは名詞（＝S・O・C・前置詞のO）が1つ不足した不完全な文になります。関係代名詞も節**内では名詞ですから、役割を与えなければなりません！**

役割が与えられない！

（×）(that I'm still reliant on every waking hour)
　　　 ? 　 S V 　　 C 　 前 　　 前のO

> ＊「前のO」は「前置詞のO」のことです。

　ではどう読むべきでしょうか？ 関係代名詞**thatにS・O・C・前置詞のO のどれかの役割を与えるためには、どう読めばいいのでしょうか？**

　さあ、種明かしをしましょう。every waking hour を副詞的目的格として読むのです。ここで**名詞の例外的な役割 ②副詞的目的格**について学びましょう。

名詞がMになる時 ②副詞的目的格

名詞が副詞の働きをすることがあり、そのような名詞の役割を「副詞的目的格」と呼びます。以下の2パターンを覚えておきましょう。

⑴時、距離、方法などを表す一部の名詞が副詞として働く

Good writers spend hours each day developing their vocabularies and grammar skills to improve their writing.

（中央大）

優れた作家は、書く能力を向上させるために、語彙力と文法力を伸ばすことに毎日数時間費やす。

＊each day「毎日」が副詞の働きをしています。eachやeveryがついた名詞が副詞的目的格になることはよくあります。spend 時間 doing～「～することに 時間 を費やす」も覚えておきましょう。

⑵形容詞か副詞の前に置いて、「～ぶん」という意味になる

The Spartan army arrived on the scene one day late, delayed by an important religious festival that ended in a full moon.

（名古屋大）

満月の夜に終わる重要な宗教的祭事で遅れて、スパルタ軍はその戦場に1日遅れて到着した。

＊one dayが副詞lateの前に置かれ、「1日（ぶん）遅れて」という意味です。「ある日」という意味ではありません！

every waking hour「起きている時間すべて」は**「時」を表す名詞**ですね。**every**もついています。これを副詞的目的格で読むと、関係代名詞that を on の目的語にでき、すべての名詞に役割を与えることができました！ 意味も**「今も起きている時間ずっと頼りにしている」**となり、良さそうです！

（○）（that I'm still reliant on every waking hour）
　　　前のO　S V　　　　　　　　 C　　 前　　 副詞的目的格（M）

これで**名詞の役割6つ**すべてが揃いましたので、まとめておきましょう！

名詞の役割6つ

主な役割　…①S　②O　③C　④前置詞のO
例外的な役割…⑤同格　⑥副詞的目的格

⑶下線部の主節のSVを答えましょう。

㊜ S: the piece of technology　　　V: dates

　"S（長いM）V"という構造になっていて、SとVが視覚上大きく離れてしまっているのが難しいポイントです。

⑷下線部を訳しましょう。

㊜ 私は自分のノートパソコン、iPhone、エコー、GPSを重宝しているが、使った最初の日から私の人生を変え、今も起きている時間ずっと頼りにしていて、座ってタイピングしているまさに今も頼りにしている、私が最も手放したくない技術は、13世紀を起源とする。それは私のメガネだ。

　the one を訳出すると「技術」を2回繰り返すことになり少し不自然な日本語になるので、ここでは訳出していません。

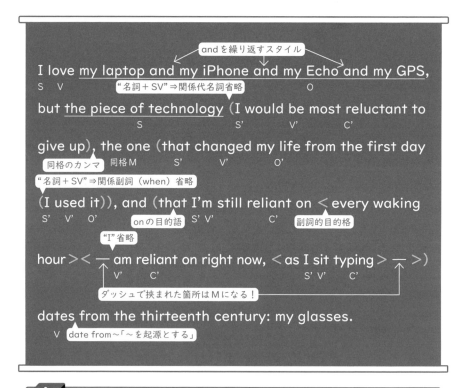

Code3

名詞の役割は

① S　② O　③ C　④ 前置詞のO　⑤ 同格　⑥ 副詞的目的格

名詞をMにしたいならば⑤同格か⑥副詞的目的格を考える

文構造を予測せよ!

　英語を正確に読むスピードを上げる、つまり「速読力」を上げるのに重要なのは、「予測をし、その的中率を上げる」ことです。今回は、「文構造の予測による速読」がポイントです。

　例えば、英文が前置詞で始まっているのを目にした時点で、＜前置詞＋名詞＞, SV〜という文構造を予測します。whenなど従属接続詞で始まっている英文ならば、＜従接＋S'V'＞, SV〜という文構造を予測します。ではThey believe that if〜を見たらどんな文構造が予測できるでしょうか？ **They believe** [that ＜if S'V'〜＞, S'V'…] という文構造が予測できますよね。

　英文がing形で始まっている時はどうでしょう？ 考えられるのは①［ing〜］V…(ing形が動名詞でSのカタマリを作る)か②＜ing〜＞, SV…(ing形が分詞構文でMのカタマリを作る)の2つです。**文頭の時点でどちらかに決める必要はありません。**「〜する」と読んで、後ろの形を確認し、動名詞なら最後に「こと」をつける(「〜すること」)、分詞構文なら「そして…」(「〜する、そして…」)と付け足して読んでいきます。

　文や節の始まりの部分を見た時点でその後の文構造が予測できていれば、その後にするべきことは「確認」です。**「確認」で済むから速く読めるのです。**

　もちろん予測は外れることもあります。10回読んだら7回くらいは当たる予測ができるようになれば、十分です。**予測が外れたことに気づいたら、スピードを落として丁寧に読み直しましょう。**特に本書で扱っているような、和訳問題で問われる英文では、予測が外れる形、つまり「普通でない」文構造だからこそ下線が引かれている可能性が高くなります。和訳問題になっている部分は速く読もうとせず、ゆっくり丁寧に読むべきです。その時間を確保するために、他に速く読めるところを少しでも増やしましょう。

　英語を正確に速く読める人は、このような予測を自分では意識できないスピードで、ほとんど無意識に行っています。本書の内容を理解し、覚え、繰り返し学習し、他の英文でも同じように正確に読むことを続けていくことが、文構造の予測による速読力をアップさせる最も確実な道筋です。

「使われ方」から品詞を見抜け!

> We now know that there are several basic problems with the experimental set-up (1)<u>that</u> suggest the claims (2)<u>that</u> our unconscious fundamentally (3)<u>rules</u> our behavior are significantly exaggerated.　　　(九州大)

(1)下線部(1)thatは関係代名詞ですね。先行詞となる名詞は何ですか?

(2)下線部(2)thatについて適切なものを選びましょう。
　　①従属接続詞のthatで名詞節を作る
　　②従属接続詞のthatで副詞節を作る
　　③関係代名詞のthatで形容詞節を作る

(3)下線部(3)rulesの品詞は何ですか?

(4)訳しましょう。

> 英文解釈のポイントがギュッと詰まった良問だ。文構造と意味の両方が成立して初めて、その英文は読めたと言える。粘り強く考えてほしい。

Words and Phrases

set-up 名 設定　**significantly** 副 著しく　**exaggerate** 動 を誇張する

Clue

(3)英単語の品詞は1つとは限らない。文構造から品詞の予測を立てた上で辞書を調べよう。

解答と解説

(1)下線部(1)thatは関係代名詞ですね。先行詞となる名詞は何ですか？

答 several basic problems

　suggestに「三単現のs」がついていませんから、先行詞は複数名詞であることがわかります。直前にあるthe experimental set-upは単数ですから、先行詞にはなりませんね。このように先行詞と関係詞節が離れてしまうことは決して珍しくありませんから、注意しましょう。

(2)下線部(2)thatについて適切なものを選びましょう。

答 ①従属接続詞のthatで名詞節を作る

　the claims that～と読んだら、**おそらくこのthatは従属接続詞で名詞節を作り、the claimsと同格になる**と予測を立てるべきです。the claim〔that 完全文～〕「～という主張」はよく使われる形です。

予測 the claims〔that 完全文になるはず〕
　　　　　　　　　同格

　しかし、あくまで予測にすぎませんから、that節の中身が本当に完全文になるかどうか確認しようという目的意識を持って読み進めます。**thatの後ろに名詞が１つ欠けた文が続くならば、関係代名詞のthat**です。

従属接続詞のthatと関係代名詞のthat

	作る節	thatの後ろの形
従属接続詞 that	主に名詞節 （たまに副詞節）	必要な名詞（S・O・C・前置詞のO）が１つも欠けていない文（＝完全文）
関係代名詞 that	形容詞節	必要な名詞（S・O・C・前置詞のO）が１つ欠けた文（＝不完全文）

　では(3)の説明で、that節の中身が本当に完全文になるのか確認していきましょう。

(3)下線部(3)rulesの品詞は何ですか？

答 動詞

「名詞」と答えてしまっていませんか？「rule＝名詞」と思いこんではいけません！　第２講のtrustでも説明したように、**英語の世界には、複数の品詞で使える単語がたくさんあるのです！**　文中での「使われ方」から品詞を見抜かな

ければなりません。

　thatの直後には所有格ourがあります。**所有格は必ず後ろに名詞を伴います。**
"our 名詞"がthat節のSになり、その後ろにVが続くはずです。 そこで、our
unconscious fundamentally rulesをSにして、「私たちの根本的に無意識な
ルール」と読んでしまうと**2つの問題**が発生してしまいます！

> ①形容詞（unconscious）を後ろから副詞の単語（fundamentally）で修飾す
>   ることは普通できない。**形容詞を修飾する副詞の単語は形容詞の前に置**
>   **くのが原則です。**
> ②直後の名詞our behaviorに役割を与えることができない。

　（×）our unconscious fundamentally rules our behavior～
　　　　　　形　　　　　　　副　　　　　　名 S　　役割のない名詞！

　rulesを名詞で読むと文構造のルール違反が発生してしまいました。他の読
み方を考えてみなければなりませんね。英文解釈では、文構造のルールを守ろ
うと試行錯誤できる姿勢が大切です。

　さあ、種明かしをしますね。ruleは名詞だけでなく、「を支配する」という意
味の動詞でも使うことができるのです！ **our unconsciousが名詞でS、rules**
をVで読み、「私たちの無意識が根本的に私たちの行動を支配する」と読むと、
先ほど問題になった2点も解決します！

> ①副詞fundamentallyが動詞rulesを修飾する。**動詞を修飾する副詞は、**
>   **動詞の前に置くことも後ろに置くこともできる！**
> ②直後の名詞our behaviorに**O**の役割を与えることができた！

　（○）our unconscious fundamentally rules our behavior～
　　　　　名 S　　　　　　　　副　　　　　V　　　　O

　これで**that節の中身が完全文**（SVO）であることがわかりましたね！ ⑵で
予測した通り、このthatは従属接続詞thatで、the claimsと同格になる名詞
節を作ります。

　最後にもうひとつ、使われ方から品詞を見抜くことがポイントになる英文を

見ておきましょう。

The nation's overall macroeconomic performance matters, not only for its own sake but because many individuals experience its consequences. (横浜市立大)

国自身のためだけでなく、多くの人がその影響を受けるという理由でも、国全体のマクロ経済のパフォーマンスは重要である。

＊matter は名詞だと「問題」「物質」、動詞だと「重要である」という意味。ここでは動詞。現在形でVになっている。ちなみに consequence は「結果」だけでなく「影響」という訳語もあることを覚えておきましょう。

⑷訳しましょう。

㊐ 私たちは今、私たちの無意識が根本的に私たちの行動を支配しているという主張は著しく誇張されていると示唆するいくつかの基本的な問題が、その実験の設定にあるということを知っている。

「〜と示唆するその実験の設定に関するいくつかの基本的な問題」と訳すと、関係代名詞 that 節の先行詞がわかりにくくなるので、先行詞と関係代名詞節をくっつけて訳しました。

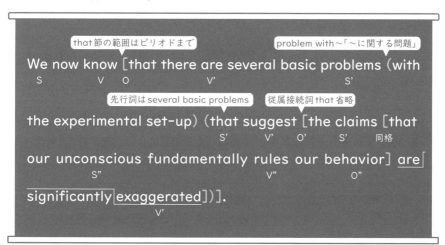

英語の品詞は「見た目」ではなく、文中での「使われ方」で決まる

副詞節に潜むものを見つけよ!

The gestures in prayer are in no need of explanation in the Western world, nor are the movements of the priest at church service. <u>In different parts of the world, with various religions and rituals, equivalent gestures, even if not exactly similar in their execution, have been developed for worship and are instantly understood.</u>

（青山学院大）

(1)下線部の主節のSVを答えましょう。

(2)下線部を訳しましょう。

カンマは英文を読みにくくするためにあるのではない。読みやすくするためにあるんだ。カンマの役割も考えて、取り組んでほしい。

Words and Phrases

in need of〜 〜を必要とする　**priest** 名 聖職者　**church service** 名 礼拝
ritual 名 儀式　**execution** 名 実行

Clue

even if節がポイントだ。

解 答 と 解 説

(I)下線部の主節のSVを答えましょう。

(答) S: equivalent gestures　V: have been developed と are understood

　Sが equivalent gestures であることが正確につかめましたか?「カンマとカンマで挟まれた部分は必ずMになる」と思いこんでしまっていないでしょうか? **そんなルールはありませんよ!「カンマとカンマで挟まれた箇所はM であることが<u>多い</u>」**というだけです。

　この英文は前置詞Inで始まっていますね。前置詞の目的語になる名詞がきてMになり、その後にSがあると予測をしておきます。

予測　＜In 前置詞のO＞, S

⎡→ カンマはない可能性もあり(第1講参照)

　読み進めていくと、the world の後ろにカンマがありますね。Inの作る前置詞句(副詞句)が終わり、「Sが来そうだ」と思います。しかし、**カンマの直後が前置詞 with になっていますから、Sではありませんね。**予測通りにすんなりと読める英文ではなさそうです。スピードを落として、丁寧に読むことにしましょう。

　前置詞 with の目的語となる名詞は、various religions and rituals ですね。またカンマがありますから、今度こそ「Sが来そうだ」と期待しましょう。すると、カンマの後には名詞 equivalent gestures がありますね。**やっと前置詞のつかない名詞に出会えました。これがSです。**

　文構造における読者の予測や期待を裏切ってMを置く時、筆者はその目印として、Mの始まりと終わりにカンマを置いてくれることがあります。例えば英文をMで始めた時は、「Sが来るかな」という読者の期待を裏切ることになるので、Mの終わりに「M終わったよ。Sが来るよ」の目印としてカンマを置いてくれることが多いのです。

＜In different parts of the world＞, ＜with various religions
and rituals＞,

　　　　　　　　　　　　　　　　　↘Mの終わりのカンマ
　　↖Mの終わりのカンマ

equivalent gestures がSだとわかりましたので、次はVがくることを期待

しますが、またカンマがあります。またもや期待は裏切られました。カンマの後に従属接続詞even ifがありますから、M（副詞節）がくることになります。今回の文では、Sが「M終わりのカンマ」と「M始まりのカンマ」に挟まれてしまっているというのが、Sの発見を難しくしているポイントです。

M始まりのカンマ

＜with various religions and rituals ＞, equivalent gestures,
＜even if〜

M終わりのカンマ　　　　　　　　　　　　　　S

　Vの発見に向かいましょう。**even ifは従属接続詞ですから、後ろに完全文を伴って、副詞節を作ります。**ではeven if節のSは何でしょう？ 前置詞のつかない名詞が見当たりませんね。executionの後ろにカンマがきて、V（have been developed）がきてしまいました。**一体Sはどこにあるのでしょう？**

　いきなり種明かしをしてしまいますね。**なんとSは書かれておらず、省略されているのです！**「副詞節中では"S＋be動詞"をセットで省略することがある」というルールを覚えておきましょう。

副詞節中での"S＋be動詞"省略ルール

副詞節中では"S＋be動詞"が省略されることがある。英語の世界で副詞節を作るものは①従属接続詞 ②複合関係詞（wh-ever）の２つ。

When in a group, people just sat there looking at one another until the smoke was so thick that they couldn't see the questionnaire.

(神戸大)

集団でいる時、質問用紙が見えなくなるほどに煙が濃くなるまで、人々はただそこに座ってお互いに顔を見合わせているだけだった。

＊whenが従属接続詞で副詞節を作っている。whenとinの間にthey（＝people）wereが省略されている。sit doing〜「座って〜している」

　even ifの後ろに"they（＝equivalent gestures）are"**が省略されている**と考えると、うまく読めますね。even if節はカンマで終わり、その後に出てくるhave been developedと、等位接続詞andでつながれているare understoodが、主節のVとなります。

34

⑵下線部を訳しましょう。

㊎ 祈りのしぐさは西洋世界では説明の必要がないものであるし、礼拝での聖職者の身振りも説明の必要はない。世界のさまざまな地域に、さまざまな宗教と儀式があるが、たとえその実行において何から何まで似ているというわけではないにしても、同等の動きが礼拝のために作り上げられてきており、即座に理解される。

　different、various「さまざまな」とequivalent「同等の」の対比がよくわかるように、with various religions and ritualsは「さまざまな宗教と儀式があるが」と副詞句のように訳しました。different parts of the worldを修飾する形容詞句と考え、**「さまざまな宗教と儀式がある、世界のさまざまな地域で」**と訳してもかまいません。前置詞句は形容詞句と考えても副詞句と考えても、どちらでも解釈が成立することがあります。意味がおかしくならないならば、どちらで考えてもかまいません。

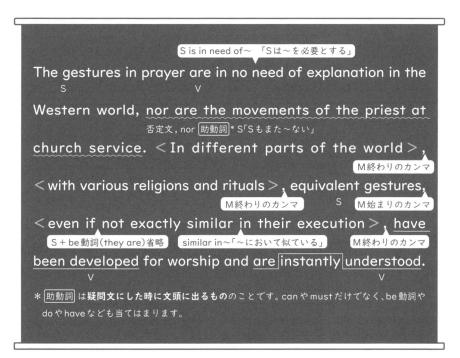

 副詞節中では"S＋be動詞"が省略されることがある

形容詞の働きを見抜け!

> The fact is that immigrants often provide the skills and manpower <u>necessary</u> to make the economy stronger, meaning, in the end, still higher wages for everyone.
>
> （東京工業大）

(1)下線部necessaryは形容詞です。形容詞はM（名詞修飾）かCになります。どちらで使われていますか？

(2)訳しましょう。

> 一見長く複雑に見える英文も、結局は動詞・名詞・形容詞・副詞で構成されている。名詞・形容詞・副詞のカタマリが見抜けるようになると、英文解釈の力は飛躍的に伸びるんだ。

Words and Phrases

the fact is that SV〜 実は〜　　**manpower** 名 人手

Clue

(1)provideはSVOC文型（第5文型）で使える？　使えない？

解 答 と 解 説

(1)下線部 necessary は形容詞です。形容詞は M(名詞修飾) か C になります。どちらで使われていますか?

㊜ M

　最初の The fact is that〜 は「実は〜」という意味の定型表現です。(The) fact is,〜 という形になることもあります。that 節の中は、immigrants が S で、provide が V、the skills and manpower が O であることは大丈夫でしょう。the skills and manpower は the が skills の前にだけついていますね。このような the A and B という形では、AとBがセットで1つの名詞として扱われることが多いと覚えておきましょう。ここでも、skills and manpower「技能と人手」がセットで1つの名詞として扱われています。

　形容詞 necessary が M になるのか C になるのかを考えましょう。結論から言えば、M(名詞修飾) になります。なぜなら、provide は SVOC 文型 (第5文型) で使うことができないからです。各動詞には、どんな文型で使えるのかの制約があるのでしたね (第2講参照)。

　necessary は M(名詞修飾) になるとわかりました。ではどの名詞を修飾しているのでしょう? こちらも早速答えを言ってしまうと、**前にある**the skills and manpower を修飾**しています! necessary を to make〜が修飾していて、形容詞のカタマリが長くなっているので、名詞の後ろに置かれ**ています。名詞が後ろから修飾される形は、前置詞句 (形容詞句)、to 不定詞の形容詞用法、分詞の形容詞用法、関係詞節などもありますが、特に難しいのが、形容詞の単語に修飾語句がついてカタマリが長くなり、名詞の後ろに置かれる形です。正確に速く読むために、頻出する5つの形を覚えておきましょう!

形容詞の後置修飾　頻出5パターン

① 名詞 (形容詞 前置詞句)

American researchers have found that a diet (rich in spices) can help reduce the harmful effects of eating high-fat meals.

(青山学院大)

アメリカの研究者たちは、香辛料が豊富な食事は、高脂肪食を食べることの悪影響を軽減する助けとなりうることを発見した。

＊rich in〜「〜が豊富な」

A person watching a two-second silent video clip of a teacher he has never met will reach conclusions (very similar to those of a student who sits in the teacher's class for an entire semester).

（青山学院大）

一度も会ったことのない教師の映った2秒間の無音の動画を見る人は、学期の間ずっとその教師の授業に出席する生徒の結論と、とてもよく似た結論に達するだろう。

＊similar to～「～に似ている」。those は conclusions を指している。

② 名詞 (形容詞 to do～)

The smart city is a dream come true for companies (eager to increase the scale and scope of data they collect about the public).

（横浜市立大・文頭を大文字に改変）

スマートシティは、一般市民について収集するデータの規模と範囲を拡大したがっている企業にとって、夢の実現だ。

＊eager to do～「～したがっている」。a dream come true「夢の実現」。

③ 名詞 (too 形容詞 to do～)

Elephants communicate at a frequency (typically too low for the human ear to perceive)—about twenty hertz.

（慶應大・文頭を大文字に改変）

ゾウは、約20ヘルツという、普通、人間の耳がとらえるには低すぎる周波数でコミュニケーションをとる。

＊typically「普通」は too low を修飾。for the human ear は to 不定詞の意味上の主語（第14講で詳しく扱います）。

④ 名詞 (so 形容詞 that～) / 名詞 (so 形容詞 as to do～)

There are real-life situations (so hopeless that no relief is imaginable).

（東北大）

どんな救いも想像できないほどに絶望的な現実世界の状況がある。

⑤ 名詞 (as 形容詞 as～) / 名詞 (形容詞の比較級 than～)

It's really quite remarkable how many people are interested in subjects (as blazingly irrelevant to practical life as dinosaurs, the Higgs boson and cosmology).

（名古屋大・文頭を大文字に改変）

恐竜やヒッグス粒子や宇宙論ほどに実生活に全く関係がない話題に、なんと多くの人が興味を持っているのかということは、実に注目に値する。

＊形式主語構文。真主語は how many～。

⑵訳しましょう。

 実は、移民は経済をより強くするのに必要な技能と人手を供給してくれる
ことがよくある。それはつまり、最終的に、すべての人に対していっそう
高い賃金がもたらされることを意味する。

necessary to make〜がmanpower「人手」だけを修飾する訳は間違いです。
the skills and manpowerが修飾対象です。

, meaning〜は分詞構文です。 分詞構文の意味上の主語は主節の主語と一致
するのが原則ですが、meaningは **前の文の内容が意味上の主語** となります。訳
す時はmeaningの前で一度訳を「。」で切り、「…。それはつまり〜というこ
とを意味する。」と訳せばよいでしょう。

still は比較級 higher を修飾 しています。stillが比較級を修飾している時は、
「いっそう」「さらに」という意味になります。直訳は「すべての人に対して
いっそう高い賃金を意味する」ですが、「もたらされる」という言葉を補って
訳しています。

often は「しばしば」や「よく」と訳してもいいですが、「〜することがよ
くある」「〜することが多い」という訳し方も覚えておきましょう。

The fact is that immigrants often provide the skills and
「実は」　　　　　　　　　S　　　　　　V　　　　　　O

manpower (necessary < to make the economy stronger >),
　　　　　　　　　　　　形容詞のカタマリが長いので後置修飾！

< meaning, in the end, still higher wages for everyone >.
「それはつまり」　　　　　「いっそう」

Code6 形容詞のカタマリが長くなると、
名詞の後ろから修飾する形になる

文型と動詞の意味に注意せよ!

> Without a base in humanities, both the students and the democratic society these students must enter as informed citizens <u>are denied</u> a full view of the heritage and critical habits of mind that make civilization worth the effort.
>
> （名古屋大）

(1)主節のSVを答えましょう。

(2)下線部 are denied を「否定される」と訳すのは間違いです。
　①どう訳すべきですか？　②それはなぜですか？

(3)訳しましょう。

意味がつかみにくい時は、まずは文構造を成立させることを重視してほしい。文構造と意味、2つの武器を活用できるようになると、英語の成績が高いレベルで安定するようになる。

Words and Phrases

humanities 名 人文科学　**informed** 形 十分な知識のある
heritage 名 （文化的）遺産

Clue

(2)deny が第何文型で使われているのかを考えよう。

解答と解説

(1)主節の SV を答えましょう。

(答) S: both the students and the democratic society

V: are denied

　前置詞 Without で英文が始まっていますから、M で始まっていると判断します。カンマの後ろにある **both the students and the democratic society** **が最初に出会う前置詞のつかない名詞 (のカタマリ) ですから S** ですね。

　後ろに続く these students must enter〜は "名詞 + SV〜" の形になりますから、関係詞の省略で形容詞節になるはずです。**as は前置詞で「〜として」** という意味です。

　その後にある are denied は **be 動詞の現在形 are が使われた受動態ですから、必ず V**(述語動詞) です。現在形と過去形は必ず V になるのでしたね (第 1 講参照)。

＜ Without a base in humanities ＞ , both the students and
_S

the democratic society (these students must enter as
[関係詞省略]

informed citizens) are denied〜
_V

(2)下線部 are denied を 「否定される」 と訳すのは間違いです。

　①どう訳すべきですか? ②それはなぜですか?

(答) ① 「与えられない」

　　② denied が第 4 文型の動詞として使われているから。

　are denied の後ろに a full view という名詞がありますね。**この名詞の役割は何ですか?** 動詞の後ろにあり前置詞がついていませんから、**O か C** でしょう。もし C なら 「S = C」 が成立するはずです。しかし、"both the students and the democratic society = a full view" は成立しなさそうですよね。O の役割を与えることにします。

　S are denied O という文構造がとれたところで、 質問です。**この denied は第何文型の動詞ですか?** 「denied の後ろに O があるから第 3 文型 (SVO 文型) だ!」 と答えていませんか? 残念ながら不正解です。**正解は第 4 文型 (SVO$_1$O$_2$ 文型) なのです! ポイントは受動態の後ろに O があることです。**

英文解釈における受動態の最重要ポイントは、「受動態は能動態のOをSにして書き換えた文である」ということです。

英文解釈における受動態の最重要ポイント

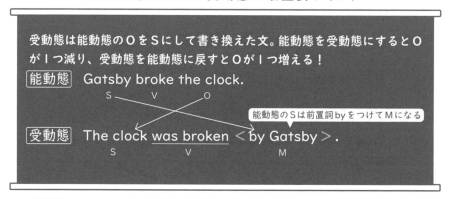

受動態 are denied の後ろにOが1つあるということは、能動態ではOが2つあったということですね！ これで denied が第4文型（SVO₁O₂文型）の動詞として使われていることがわかりましたね。

deny＝「否定する」と1対1で覚えていませんか？ 実は deny はいつでもその意味になるわけではありません。**「否定する」という意味になるのは、第3文型（SVO文型）で使われる場合です。**ここでは第4文型（SVO₁O₂文型）で使われているのですね。第4文型で使われた deny は「O₁ に O₂ を与えない」という意味になります！

第4文型（SVO₁O₂文型）の動詞の多くは、「O₁ に O₂ を与える」という系統の意味になります。特に allow O₁O₂「O₁ に O₂ を与える」、afford O₁O₂「O₁ に O₂ を与える」は盲点になりがちですから覚えておきましょう！

一方で、数は少ないながらも、「O₁ に O₂ を与えない」（deny, refuse など）や「O₁ から O₂ を取り去る［奪う］」（save, cost など）という正反対の系統の意味になることがある動詞もあります。特に今回ポイントとなった deny O₁O₂「O₁ に O₂ を与えない」を覚えておきましょう。

(3)訳しましょう。

㊐ 人文科学における基礎がなければ、学生と、これらの学生たちが十分な知識のある市民として加わらなければならない民主社会の両方が、文明を努力に値するものとしてくれる文化的な遺産と批判的思考習慣の全体像を与えられることはない。

　意味から判断して、関係詞節 these students～は the democratic society だけを修飾します。

　are denied の部分は直訳すると「与えられない」ですが、「られない」は [受動] と [可能] の両方の意味を持つので、[受動] であることがはっきり伝わるように「与えられることはない」と訳しています。

　最後の that make civilization worth the effort の先行詞は、the heritage and critical habits of mind です。

＜Without a base in humanities＞, both the students and
　　　　　　　　　　　　　　　　　　　　　　　　　　　　　　　　S
先行詞は the democratic society だけ

the democratic society (these students must enter as
　　　　　　　　　　　　　　　　　　　　　　　　S'　　　　　　　　　　V'
第4文型の deny!「与えない」

informed citizens) are denied a full view of the heritage
　　　　　　　　　　　　　　　V　　　　　　　　　O

and critical habits of mind (that make civilization worth
　　　　　　　　　　　　　　　　　　　　　　　　S'　　V'　　　　　O'　　　　　C'

the effort).

Code7

第4文型 (SVO₁O₂文型) の動詞の意味の系統は
①「与える」②「与えない」③「取り去る[奪う]」
特に、allow O₁O₂「O₁にO₂を与える」、afford O₁O₂「O₁にO₂を与える」、deny O₁O₂「O₁にO₂を与えない」は暗記せよ!

語順の基本ルールが崩れる？ ①

文脈 医師の死亡宣告を受けた女性の家族が、女性はまだ生きていて、生命維持装置を外されない権利があると訴え裁判を起こしましたが、ショー判事（Justice Shaw）は、「その女性は死亡している」という判決を出しました。

Justice Shaw determined that this woman died last September when doctors determined her brain had irreversibly ceased to function. While the wait was painful for everyone, Justice Shaw's decision was clear: People need and deserve to know with simplicity, clarity and consistency when their family member is dead. At the heart of this ruling is the principle that identifying death has to be carried out in the same manner for all people in society, even if people choose to understand life in different ways.

（名古屋大）

---

(1)下線部の主節のSVを答えましょう。

(2)下線部を訳しましょう。

難しい英文だが、ここまでで学んだことを活用して取り組んでほしい。

Words and Phrases

irreversibly 副 不可逆的に　**clarity** 名 明確さ　**consistency** 名 一貫性

Clue

(1)第1講で学んだ知識を使って、Sの発見を丁寧に。

解 答 と 解 説

(I)下線部の主節のSVを答えましょう。

㊜ S: the principle　　　　　V: is

　前置詞Atで英文が始まっていますね。Mの終わりにカンマがあり、その後にSがあると期待して読み進めると、**カンマが見つからないうちにisが出てきてしまいました！** isは現在形の動詞ですから必ずV(述語動詞)ですね。

　　＜At the heart of this ruling is the principle〜
　　　　　　　Sはどこだ？　　　　　　　　 V

　もう一度、慎重に読み直してみます。the heartは前置詞Atの目的語ですね。前置詞ofの目的語をthisだけにすれば、rulingをSにすることができます。**thatの後ろは必要な名詞が欠けていない「完全文」ですから、thatは従属接続詞です。**the principleと同格になる名詞節を作っています。

　　＜At the heart of this ＞ ruling is the principle [that〜
　　　　 前のO　　 前のO　　 S　　 V　　　 C　　　　 同格

　heartは**「核心」「中心」**、rulingは**「判決」**という意味があります。訳してみると、「これの核心で、判決は〜という原則である」となりますが、おかしいですね。他に読み方はないでしょうか？

　ここで種明かしです。**実はSVMの変化形であるMVSで書かれているのです！ At the heart of this ruling が M、isがV、the principleがSです！**

　　＜At the heart of this ruling ＞ is the principle [that〜
　　　　　　　 M　　　　　　　　　　 V　　 S　　　　 同格

　5文型にはそれぞれ、語順を入れ替えた「変化形」が用意されています。難関大の英文解釈で特に重要度の高いものとして、**MVS(←SVM)、CVS(←SVC)、SVCO(←SVOC)** の3つを覚えておきましょう！

5文型の変化形

S・V・O・C・(M) の原則的な並べ方は「5文型」として決められていますが、**その原則的な配列を入れ替えた形で英文が書かれることがあります。**それを本書では**「5文型の変化形」**と呼ぶことにします。変化形で書く主な理由は、次ページの2つです。

難関大の英文解釈で重要度の高いものとして、**MVS**、**CVS**、**SVCO** を覚えて
おきましょう！

MVS (← SVM)

読者が既に知っている情報　　同格がついてS長い

< At the heart of this > is the idea [that communication
M　　　　　　　　　　　　　 V　　S　　　同格

happens when the uncertainty of the receiver of the
message is reduced].　　　　　　　　　　　（東京工業大）

この核心にあるのは、メッセージの受け手が持つ不確かさが軽減される時
にコミュニケーションが生じるという考えだ。

CVS (← SVC)

読者が既に知っている情報　　　　関係詞節がついてS長い

Central < to this social contract > is a concern for the
C　　　　　　　　　　　　　　　　　　　 V　　S

future which has become manifest through the term
sustainability.　　　　　　　　　　　　　　（九州大）

この社会契約に重要なのは、持続可能性という用語によって明らかになっ
た未来への懸念である。

＊sustainability は the term と同格（第3講参照）。

SVCO (← SVOC)

O が長い

They were seeking a way to make visible [what was not
　　　　　　　　　　　　　　(V)　　 (C)　 (O)

apparent to the human eye].　　　　（中央大・文頭を大文字に改変）

彼らは人間の目には明らかでないものを目に見えるようにする方法を探し
ていた。

＊to不定詞なのでSは書かれていない。

MVSで読むと、訳は **「この判決の核心には、〜という原則がある」** となります。良さそうですね！ 筆者がMVSで書いた理由は、①「より長いカタマリを後ろへ置きたい」（**同格になるthat節がつきSが長い**）、②「読者が既に知っている情報（旧情報）を前に置き、より新しい重要な情報（新情報）を後ろに置きたい」（**At the heart of this ruling**）の2つともが関わっていると考えられます。

実は今回のAt the heart of〜VS「〜の核心にはSがある」は、よく使われる形です（説明で用いた東京工業大の英文もそうですね）。 MVSでよく使われるものとして、With〜come S「〜とともにSがやってくる」「〜にはSが伴う」、Among〜is S「〜の中にSがある」「〜のうちの1つはSだ」も覚えておきましょう。

(2)下線部を訳しましょう。

(答) ショー判事は、医師たちが彼女の脳の機能が不可逆的に停止したと確認した昨年の9月にこの女性は亡くなったという判断を下した。待つことは皆にとって苦痛だったが、ショー判事の決定は明確であった。人は、家族の一員が亡くなったとき、それをわかりやすく、明確に、一貫性を持って知る必要があるし、それに値するのだ。この判決の核心には、たとえ人々が異なる方法で命を理解することを選んでいるとしても、死を判定することは、社会のすべての人に対して同じ方法で行われなければならないという原則がある。

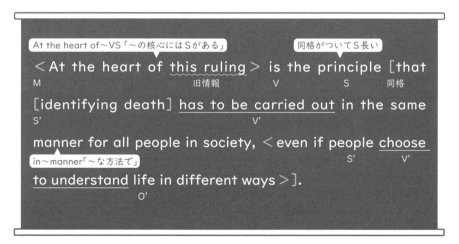

At the heart of〜VS「〜の核心にはSがある」　　　　同格がついてS長い

＜At the heart of this ruling＞ is the principle [that
M　　　　　　　　　　旧情報　　　　　　　V　　　S　　　同格

[identifying death] has to be carried out in the same
S'　　　　　　　　　　V'

manner for all people in society, ＜even if people choose
in〜manner「〜な方法で」　　　　　　　　　　　　　S'　　　V'

to understand life in different ways＞].
O'

Code 8

MVS（←SVM）、CVS（←SVC）、SVCO （←SVOC）を見抜け

語順の基本ルールが崩れる？ ②

In the world of music, a limited set of tones is the starting point for melodies, which in turn are arranged into complex structures to create symphonies. Think of an orchestra, where each instrument plays a relatively simple series of tones. <u>Only when combined do these tones become the complex sound we call classical music.</u>

（京都大）

(1)下線部の主節のSVを答えましょう。

(2)下線部を訳しましょう。

和訳問題だけでなく、文法問題でも頻出のポイントが含まれた英文だ。まずはSVの発見を丁寧に行おう。

Words and Phrases

tone 名 音　 in turn 次に　 symphony 名 交響曲

Clue

(1)Onlyがポイントだ。

解答と解説

(1)下線部の主節のSVを答えましょう。

答 S: these tones　　　　V: become

　下線部はOnly whenで始まっていますね。Onlyは従属接続詞whenが作る副詞節を修飾する副詞です。そして否定の副詞であるonlyが文頭に置かれているこの時点で、主節が疑問文の語順（倒置）になることを予測しておきましょう！

否定の副詞（句）先頭倒置

否定の副詞（句）が文の先頭部分に置かれると、主節が疑問文の語順（倒置）になる！

We don't want to impose our black moods on our children, but <u>neither do we</u> want to pretend that our angry feelings don't exist.　　　　（大阪大）

私たちは不機嫌な気分を子どもに押しつけたくなんかないが、私たちの抱える怒りの感情が存在しないふりもしたくない。

＊（否定文に続いて）neither[nor]倒置〜「〜もない」

Not only <u>do you</u> not have to remember a fact, you don't even have to remember where to look it up.　　　　（学習院大）

ある事実を覚える必要がないだけでなく、どこでそれを調べるべきかを覚える必要さえない。

onlyも否定語扱い！

Only ＜ by understanding [if, when and how light pollution affects nocturnal* life]＞ <u>can we find</u> ways to mitigate* the impact.

主節が疑問文の語順に！（倒置）　　　　（神戸大）

*nocturnal 夜行性の　mitigate を軽減する

光害は夜行性の生物に影響を与えるかどうか、いつ影響を与えるのか、どのように影響を与えるのかを理解することによって初めて、私たちはその影響を軽減する方法を見つけることができる。

＊ifは名詞節を作っているので「〜がどうか」という意味。

ということで、以下の形を予測して続きを読んでいきましょう。

予測 Only ＜ when S'V'〜 ＞ 疑問文の語順（倒置）
　　　　　　　　↑── when節は従属節なので倒置にはならない！

　読み進めてみると、when節のS'V'を見つける前に、疑問文の語順（do these tones become）に出会ってしまいました！　あれ？　**when節のS'V'はどこでしょうか？**

Only ＜ when combined ＞ do these tones become〜
　　　　S'V'はどこ？　　　　疑問文の語順だから主節のはず！

　副詞節の中にS'V'が見つからない時は、「副詞節中では"S＋be動詞"が省略されることがある」というルールを思い出しましょう！（第5講参照）whenとcombinedの間にthey（＝these tones）areが省略されていると考えると、S'がthey、are combinedがV'（受動態）となり解決ですね！

(2)下線部を訳しましょう。

㊷ 音楽の世界では、限られた一連の音がメロディーの出発点となり、次にメロディーが並べられ複合的な構造となり、交響曲を作る。オーケストラについて考えてみれば、オーケストラでは1つ1つの楽器が比較的単純な一連の音を奏でる。組み合わされて初めて、これらの音は、私たちがクラシック音楽と呼ぶ複雑な音になる。

　onlyは「初めて」と訳してみると、綺麗に訳せることがあります。特に「時」を表す言葉を修飾する際は試してみてください。

否定の副詞が先頭！主節倒置を予測！

Only ＜ when combined ＞ do these tones become the
　　　　　they are省略　　　倒置！　　　S　　　　V
complex sound （we call classical music）.
　　　　　C　　↑S'　V'　　　　　C'
省略されている関係代名詞がO'

Code 9　否定の副詞（句）が先頭にあれば、
　　　　主節が疑問文の語順（倒置）になることを予測せよ！

よく使う形を覚えよ!

　今回は、「よく使う形に基づいた予測による速読」です。「よく使う形」は①単語の語法レベル ②文レベル ③文のつなぎ方（パラグラフの展開）レベル に分けることができます。ここでは②と③を紹介します。

　②「**文レベル**」でよく使う形は、本書でも積極的に紹介しています。例えば文頭にAt the heart ofと見たら、その後ろはどうなりそうだという予測が浮かぶでしょうか？ MVSですね！（第8講参照）ではIt is this名詞〜という形を見たらどうでしょう？ 強調構文になるのではないかと予測します（第49講参照）。「**こういう表現はこんな文の形になることが多い**」という知識があれば、後ろを「**確認**」で読むことができ、読む速度が上がります！

　次に③「**文のつなぎ方（パラグラフの展開）レベル**」について。まずは、実際に出題された長文中の空所補充問題にトライしてみましょう。

　At first glance, they seem almost to be in opposition, that is, cyberspace as abstract and a hometown as fixed. (　　　), today they have more in common than you might expect.　　　　　　　　（北海道大）

　(A) Eventually　　　(B) However　　　(C) Indeed
　(D) Similarly　　　(E) Therefore

　At first glance, S seem〜という形が見えた時点で後ろの展開が予測でき、選択肢を見るまでもなく答えがわかるべき問題です。**At first glanceは「一見」**という意味であることは知っていると思いますが、さらに、**後ろにbutやhoweverのような「逆」を表す語句を伴い、「一見〜ように見えるが、実は…」と展開していくことが多い**ことまで覚えておくべき表現です（mayやseemと相性が良い表現でもあります。第16講参照）。選択肢を見る前に、butやhoweverを予測できているべきです。正解は**(B) However**です。

　At first glanceのような、**後半の展開が予測できる表現を覚えておくと、後ろの内容を「確認」で読めるのでスピードが上がります**よ。さらに、at first glanceからbutやhoweverの直前までの内容は否定されるわけですから、本文理解に限って言えば、butやhowever以降さえ理解できればまあ大丈夫だろうとも判断できます！ こういった知識は辞書に掲載されていることも多いので、意味を知っている表現も積極的に辞書を調べてみましょう！

離れたモノの見つけ方 ①

It is a dangerous thing to control the lives of others and I have often wondered at the self-confidence of politicians, reformers and other people like them who are prepared to force upon their fellows policies that must alter their manners, habits, and points of view.

（中央大）

(1) upon は前置詞です。では前置詞 upon の目的語となる名詞は何ですか？

(2)下線部を訳しましょう。

本書では時間をかけて取り組む価値のある英文を精選してある。
文構造と意味の両方が成立するように、しっかりと考えた上で解説を
見てほしい。

Words and Phrases

self-confidence 名自信　**reformer** 名改革者　**alter** 動を変える

Clue

(1)**force**は自動詞か他動詞か。

解 答 と 解 説

(1) upon は前置詞です。では前置詞 upon の目的語となる名詞は何ですか？

(答) their fellows

　関係代名詞 who から読んでいきましょう。who が S、are prepared to force が V となります。are prepared to force は are が V で、prepared が形容詞で C、to force が to 不定詞の副詞用法で prepared を修飾……という構造です。ただし be prepared to do〜「〜する用意［覚悟］がある」はこの形で覚えてしまい、1セットで動詞と考えるのがオススメです。

　force の後ろに前置詞 upon がありますから、upon の目的語を見つけましょう。後ろには their fellows policies that〜と続きますね。「their fellows policies が前置詞 upon の目的語で、that が関係代名詞だ！」と考えてしまっていませんか？ **違いますよ！**

　まず何よりも、force は「強制する」という意味ですから、「何を？」という情報が欲しいですよね。つまり他動詞です！ Oが必要なはずなのです。しかし、この読み方ではOがありません！ さらに、their fellows policies を1つの名詞と読むと、「彼らの仲間政策」となりますが、意味がよくわからないですよね。

　(×) who are prepared to force ＜ upon their fellows policies
　　　　S'　　　　　　　V'　 Oが欲しい！　　　　　　意味がおかしい

(that must alter their manners, habits, and points of view)＞

　どう読めば他動詞 force のO を存在させることができ、意味の上でも適切な読み方となるでしょうか？

　……種明かしをしましょう。前置詞 upon の目的語は their fellows で、policies が他動詞 force のO となるのです！

　(○) who are prepared to force ＜ upon their fellows ＞ policies
　　　　S'　　　　　　V'　　　　　　　　　　M'　　　　　　　O'

(that must alter their manners, habits, and points of view)

　意味も **「彼らの仲間に〜な政策を押しつける」** となり、おかしくありませんね！（force A on[upon] B「A を B に押しつける」）

VMO という語順で書かれ、Oの発見が難しくなっていますね。Mは文中のいろいろな位置に置くことができます。今回の文のようにVとOの間にMが置かれる形は、Oの発見が困難になり、間違いが増えるポイントです!

VMO

普通は VOM という語順で書かれますが、VとOの間にMが割り込むことがあります。Mの前後にカンマを置いて、Mの割り込みをわかりやすくしてくれることもありますが (V, M, O)、カンマがないこともあります (VMO)。カンマがない形ではOの発見が難しくなるので注意が必要です。VとOの間にMを割り込ませる主な理由は、5文型の変化形と同じです（第8講参照）。

この構造に気づくためには、他動詞を見たら、「後ろにOを見つけよう」という目的意識を持って読むことが大切です。

No one knows < for sure > < at this point > [if prolonged
　　S　　V　　　　M　　　　　　　M　　　　　　　O
他動詞
Oが長いから後ろへ

use of digital devices actually causes permanent damage

to the eyes].　　　　　　　　　　　　（青山学院大・文末をピリオドに改変）

デジタル機器の長期的な使用が実際に一生消えない損傷を目に与えるのかどうか、現時点ではっきりとわかっている人はいない。

＊ know < for sure > that～「～とはっきりとわかっている」はよく使う形です。この文では that ではなく if が使われています。

It represents the first step on a journey to full literacy,

which brings < with it > the ability (to interact with the
　　S'　　V'　　　　M'　　　　　O'
他動詞
旧情報
to不定詞の形容詞用法がつき、長いから後ろへ

world in a far richer way than she could ever do before).
　　　　　　　　　　　　　　　　　　　　　　（中央大）

それは十分な読み書き能力への旅へと踏み出す最初の一歩であり、それとともに、彼女が以前にできていたよりもずっと豊かに世界と交流できる能力をもたらしてくれる。

＊ bring < with～ > Oはよく使われる形です。直訳は「～とともにOをもたらす」になります。

　今回の文はOであるpoliciesに関係代名詞節がつき、M(upon their fellows)よりかなり長くなっていますね。第8講で紹介した「**より長いカタマリを後ろへ置きたい**」**という理由**により、VMOの語順で書かれていると考えられます。

(2)下線部を訳しましょう。

㊟ 他者の生活に影響を及ぼすことは危険なことであり、自分の仲間に、彼らの風習、習慣、ものの見方を変えてしまうに違いない政策を押し付ける覚悟がある政治家や改革者、それらに類する人々の持つ自信に、私はよく驚かされてきた。

　意味から、like them は other people だけを修飾すると判断します。them は politicians と reformers を指しています。

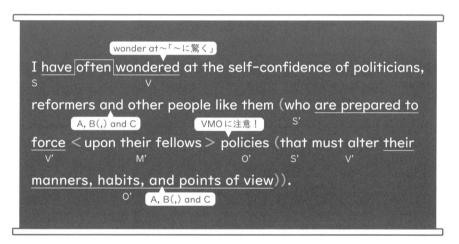

I have often wondered at the self-confidence of politicians,
S　　　　　　V
wonder at〜「〜に驚く」
reformers and other people like them (who are prepared to
A, B(,) and C　　　　　　VMOに注意！　　S'
force < upon their fellows > policies (that must alter their
V'　　　　　M'　　　　　　O'　　S'　　V'
manners, habits, and points of view)).
O'　　A, B(,) and C

Code 10

VMOの語順ではOの発見が難しくなるので注意せよ!
他動詞を見たら「何を?」「誰を?」と考え、「Oを見つけよう」という目的意識を持って読もう

離れたモノの見つけ方 ②

Furthermore, this mental skill* is getting more valuable. We live, after all, in the age of information, which [makes] the ability to focus on the important information incredibly important. （大阪大）

*this mental skill は「注意を向けるべきものに適切に注意を向ける能力」のことです。

(1) [makes] は第何文型の動詞で使われていますか？

①第1文型（SV）　　　　　　②第2文型（SVC）

③第3文型（SVO）　　　　　　④第4文型（SVO₁O₂）

⑤第5文型（SVOC）

(2) 下線部を訳しましょう。

makeはすべての文型で使える動詞だ。熟語もたくさんある。こういう「簡単な」単語ほど、誤読の原因となりやすいんだ。

Words and Phrases

incredibly 副 非常に

Clue

(1) to focus〜のカタマリはどこまでだろうか。

解答と解説

(1) makes は第何文型の動詞で使われていますか?

答 ⑤第5文型（SVOC）

　関係代名詞 which から読んでいきます。which が S、makes が V、the ability が O で、to focus〜は to 不定詞の形容詞用法で the ability を修飾します。

which makes the ability (to focus〜
　　S'　　　V'　　　　　O'

　では続きを読んでいきましょう。前置詞 on の目的語は the important information ですね。その後に続く incredibly important は何でしょうか? incredibly は副詞で「信じられないほど」「非常に」という意味です。後ろの形容詞 important を修飾し、「非常に重要な」という形容詞のカタマリになっています。**形容詞であるということはM（名詞修飾）かCになります。**

　「形容詞のカタマリになっているから後置修飾でMだ! 前の information を修飾しているぞ!」と考えたならば、第6講の内容を覚えていたということですね。それは素晴らしいのですが、information の前にも important がありますから、訳してみると、「非常に重要な重要な情報」となってしまいます。「重要な」（important）がダブってしまい、変ですね。

　形容詞はM（名詞修飾）かCになります。そして訳を考えると、Mになりそうにないということがわかりました。そうなれば、**残る可能性はCしかありませんね。** incredibly important がCだとすると、この英文は第5文型（SVOC）になります。**この文の動詞である make は第5文型（SVOC）で使えるのでしょうか?**

　使えますよね! make OC「OをCにする」という意味になりますね。以下のように読みましょう。

which makes the ability (to focus on the important information)
　　S'　　　V'　　　　　O'

incredibly important
　　　　C'

　訳してみると、**「重要な情報に集中する能力を非常に重要にする」**となり、意味もおかしくありませんね!

答えを聞くと、「なんだ、make OCか。簡単だよ」と思ったかもしれません。しかし、今回の英文のように、OとCの間にOを修飾するMがつき、VOMCという形になると、意外と気づかないものなのです！

　ではどうすれば気づけるのでしょうか？　2つポイントがあります。1つは、**名詞、形容詞の処理を雑にしないことです。名詞を見たら、主な可能性である**①S ②O ③C ④前置詞のO、**例外的な可能性である**⑤同格 ⑥副詞的目的格のどれかの役割を与えましょう。

　形容詞はM（名詞修飾）**かCになります。**Mにしておかしいならば、Cになるはずで、その逆もまた然りです。品詞と文型を中心とした文構造のルールに基づいてありえる読み方の可能性を浮かべ、その可能性を意味などの観点から吟味し、消去し、最も妥当なものに絞っていく。こういった技術も英文解釈において非常に大切です。

　2つめのポイントは、**第5文型（SVOC）で使える動詞をなるべく覚えておき、その動詞を見たら、「第5文型（SVOC）になるかも」と身構える**ことです。**特にmake, get, keep, find, leaveなどの「簡単な単語」に注意しましょう。**「簡単な単語」はいろいろな使い方ができるので、読み間違いが多くなります。その中でも特に、和訳問題でmakeを見たら「第5文型（SVOC）かも」と思うようにしておきましょう。非常に高い頻度で出題されています。もうひとつ英文を見ておきましょうか。

VOMCの英文

When the people who built the Texan tools migrated, ice sheets would have made travel by land difficult.　　(名古屋大)
テキサス州で見つかった道具を作った人々が移住した時、氷床のせいで陸路での旅が困難になっただろう。
＊would have made(V) travel(O) by land(M) difficult(C)

(2)下線部を訳しましょう。
答　さらに、この知的技能はより重要なものになりつつある。何しろ、私たちは情報化時代に生きており、そのことにより、重要な情報に集中する能力が非常に重要なものになるからだ。

after all は「結局」だけでなく、「何しろ〜だから」という意味もあります。 間違いが多いポイントですので、覚えておきましょう。

after all

① （期待や予想に反して）**結局**
   普通は文末に置くが、文の真ん中に置かれることもある。
② （直前の文の内容の理由として）**何しろ〜だから**
   普通は文頭に置くが、文の真ん中や文末に置かれることもある

位置と訳のまとめ

- **文頭** ⇒ 普通は②「何しろ〜だから」
- **文末** ⇒ 普通は①「結局」
- **文の真ん中** ⇒ 意味で①か②か判断

今回は**文の真ん中**で使われていますから、意味で②**「何しろ〜だから」**と判断します。, which は直前の文（We live in the age of information）を先行詞にしています。非制限用法の which は、直前の文全体、または一部の内容を先行詞にできます（第29講で詳しく扱います）。さらに、which makes〜は無生物主語の文になっています。**無生物主語の文では、「Sによって」のようにSを原因のように訳すと、綺麗な日本語になることが多い**と覚えておきましょう（第31講で詳しく扱います）。

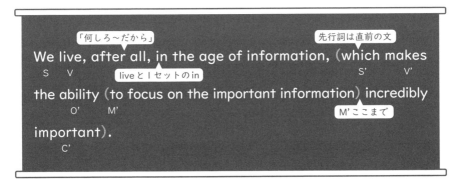

Code 11
VOMCの語順ではCの発見が難しくなるので注意せよ！
和訳問題でmakeを見たら、第5文型（SVOC）かも！

述語動詞と準動詞を判別せよ!

Indeed, the tendency to seek and invent narrative is a deeply rooted part of human nature. We see stories everywhere we look. <u>In a classic psychology experiment, people asked to describe a short animation of geometric shapes moving about a screen used language that attributed intention to the shapes,</u> as if the objects were conscious actors: "The red triangle chased the blue circle off the screen."

（東北大）

(1)波線部のSVを指摘しましょう。

(2)波線部＋下線部（In a ～ the screen."）を訳しましょう。

和訳が問われるような難しい英文は、何度か読み直しながら正確に解釈をすればいいんだ。日本語も難しい箇所は読み直すだろう?

Words and Phrases

narrative 名 物語　**rooted** 形 根付いた　**geometric** 形 幾何学的な
attribute A （性質・特徴など） to B AがBにあると考える

Clue

(1)過去形か過去分詞形かを見抜こう。

解答と解説

(1)波線部のSVを指摘しましょう。

㊜ S: people   V: used

　people が最初に出会う前置詞のつかない名詞ですから S です。直後に asked がありますね。ask to do〜は「〜する許可を求める」という意味になりますから、asked to describe を1セットで V と考えて読み進めてみます。

　moving は ing 形ですね。ing 形が V (述語動詞) になるのは進行形で使われた時だけです。つまり、前に be 動詞がついていない ing 形は、必ず準動詞になります。「述語動詞」と「準動詞」が意味することをまとめておきます。

述語動詞と準動詞

> 述語動詞　…　純粋に動詞として働き、Vになる
> 準動詞　…　動詞の性質＊を残しながら他の品詞になり、Vにはならない
> ＊「動詞の性質」とはOやCなどを後ろにとることです。
> 　述語動詞と準動詞の見極めには、**動詞の活用形**（第1講参照）が重要です。
> ・現在形と過去形は必ずV(＝述語動詞)になる。
> ・原形、過去分詞形(p.p.)、ing形はV(＝述語動詞)にも準動詞にもなる。

　続きを読むと、used があります。used は過去形か過去分詞形ですね。1つの文で無条件で使ってよい V の数は原則1つまでで、**2つめ以降の V を使うためには、①接続詞 ②疑問詞 ③関係詞 のどれかが必要です。**この3つを本書では、**「V2つめOKサイン」**と呼びます（第19講で詳しく扱います）。**波線部にV2つめOKサインはありませんから、Vは1つになるはずです。**asked to describe が V ならば used は準動詞になるはずですから、過去分詞形と判断します。

　過去分詞形の使われ方の主な可能性は以下の5つです（原形は第19講、ing形は第15講でまとめます）。

過去分詞形（p.p.）の使われ方の主な可能性

> ①受動態　　　　　　　→　V(述語動詞)（be動詞＋p.p.）
> ②完了形　　　　　　　→　V(述語動詞)（have＋p.p.）
> ③過去分詞の形容詞用法　→　形容詞（準動詞）

　usedが過去分詞形で準動詞ならば、見た目上、③**過去分詞の形容詞用法**で前のa screenを修飾しそうですね（本書で準動詞を細かく分析する時は、下のようにT字を使って2つに分け、左側で「今何詞になっているのか」、右側で「動詞の性質」を表します。準動詞の動詞の性質の部分には（　）をつけます）。

　いや、違うのです！ usedは過去分詞の形容詞用法ではありません！ このことを理解するために、**過去分詞の形容詞用法**について確認しておきましょう。

過去分詞の形容詞用法の考え方

　usedが過去分詞の形容詞用法でa screenを修飾しているとすると、元は受動態で、A screen(S) was used(V) language(O).という文があったことになり、languageはOになります。受動態でOが1つあるわけですから、能動態ではOが2つあったということになりますね（第7講参照）。しかし、useは第4文型（SVO₁O₂）で使うことができない**のです！**

　usedを過去分詞形で読むとうまくいきませんから、もうひとつの可能性である過去形で読んでみます。過去形は必ずVになります。usedがV、languageがOとなりますね。**useは第3文型（SVO）で使えます！**

　usedがVならば、**最初にVだと考えたaskedを準動詞にしなければなり**

ませんね。そこでaskedを過去形ではなく、過去分詞形にして読んでみます。askedが過去分詞形で準動詞ならば、**③過去分詞の形容詞用法**で前のpeopleを修飾しそうですね。元は受動態で、people were asked to describe〜という文があったことになります。問題ありませんね! ask O to *do*〜「Oに〜するよう頼む」の受動態です(第2講の英文でも使われています)。askedが過去分詞形で準動詞(過去分詞の形容詞用法)、usedが過去形で述語動詞だったのです!

⑵波線部＋下線部(In a 〜 the screen.")を訳しましょう。

㊞ 実際、物語を求め、作りだす性向は、深く根付いた人間の本性の一部である。どこに目を向けようとも、私たちは物語を目にする。ある古典的な心理学実験で、幾何学的な図形が画面を動き回る短いアニメーションについて説明するよう求められた人々は、まるでその物体が意識のある行為者であるかのように、その図形は意図を持っていると考える言葉を使った。例えば、「赤い三角形が青い丸を画面の外に追いやった。」と言った。

movingは動名詞で、geometric shapesは意味上の主語です(第15講で詳しく扱います)。"映像系の名詞 of 意味上の主語 –ing(動名詞)"はよく使われる形ですから覚えておきましょう。

「古典的な心理学実験」とは、「心理学の歴史において重要な役割を果たし、広く知られている実験」を意味します。

＜In a classic psychology experiment＞, people (asked to
　　　　　　　　　　　　　　　　　　　　　S　　　　形 (p.p.)
describe a short animation of [geometric shapes moving
　　　　　　　　　　　　　　　　(意味上のS)　　　名(ing)
about a screen]) used language (that attributed intention
　　　　　　　　V(過去形)　O　　S'　　V'　　　O'
to the shapes), ＜as if the objects were conscious actors＞:
　　　　　　　　　　　　　S'　　　V'　　　C'
[languageの具体例]
"The red triangle chased the blue circle off the screen."
　　　　S　　　　V　　　　　O

 Code 12
動詞の活用形から述語動詞と準動詞を見極めよ!
特に過去形と過去分詞形の見た目が同じ動詞に注意!

第 **13** 講

S is to *do*〜を正しく解釈せよ!

高校と大学の教育の違いについて述べた文章の一部。「高校では不変の事実（＝fact）として扱われたものが、大学ではいつか誤っていると判明するかもしれない考え（＝belief）として扱われる」という内容に続く文です。

Why is this? The simple answer goes back to the university's role, which is not only (1)to pass along knowledge but also to create it. Researchers at the college level are aware that if our knowledge is (2)to advance, we must constantly be willing to question the conventional wisdom.

（青山学院大）

---

(1)波線部(1)to pass along は to 不定詞です。その使われ方の説明として適切なものを選びましょう。
　　①to 不定詞の名詞用法　　　②to 不定詞の形容詞用法
　　③to 不定詞の副詞用法　　　④be to 不定詞

(2)波線部(2)to advance は to 不定詞です。その使われ方の説明として適切なものを選びましょう。
　　①to 不定詞の名詞用法　　　②to 不定詞の形容詞用法
　　③to 不定詞の副詞用法　　　④be to 不定詞

(3)下線部（波線含む）を訳しましょう。

試験では考えることに多くの力を使いたいから、頑張って思い出せる知識では不十分だ。必要な知識が出てきちゃう状態を目指そう。

Words and Phrases

pass along〜 〜を伝える　　**conventional wisdom** 名 世間一般の通念

Clue

(1)も(2)もS is to *do*〜の形になっている。

解 答 と 解 説

⑴波線部⑴to pass alongはto不定詞です。その使われ方の説明として適切な
　ものを選びましょう。

㊙ ①to不定詞の名詞用法

　直前にnot onlyがありますが、S is to *do*〜の形になっています（Sはwhich）。
この形の解釈は主に2つあります。

S is to *do*〜の形の解釈

①S is [to *do*〜]　「Sは〜することだ」（to不定詞の名詞用法でCになる）
　　　　　C

②S is to *do*〜　「Sは〜することになっている*」（be to不定詞でVになる）
　　　　　V

＊if節中では「Sが〜したいならば」、「Sが〜するつもりならば」、「Sが〜するために」といっ
　た訳になります（次ページ参照）。

if節中以外では、① to不定詞の名詞用法になることが多くなります。S is
to *do*〜の解釈は、以下のように行いましょう。

S is to *do*〜の解釈の基本方針
if節中以外　→① to不定詞の名詞用法から考える
if節中　　　→② be to不定詞から考える

　not onlyは1セットで副詞（＝M）として処理をしましょう。if節中ではあ
りませんから、**①** to不定詞の名詞用法から考えてみましょう！

which is ＜ not only ＞ [to pass along knowledge] but also
　S　V　　　　　　　　　　　　C

[to create it.]
　C

　whichを「それ」と訳すと、「**それは知識を伝えることだけでなく、知識を
創り出すことでもある**」となります。whichの先行詞をthe university's role
だと考えると、「**大学の役割は知識を伝えることだけでなく、知識を創り出す
ことでもある。**」となります。問題なさそうですね！

(2)波線部(2)to advanceはto不定詞です。その使われ方の説明として適切なものを選びましょう。

㊜ ④be to不定詞

if節中ですから、**2** be to不定詞から考えましょう！

＜ if our knowledge <u>is to advance</u> ＞, we must constantly be〜
              S'   V'

be to不定詞についてまとめておきましょう。

be to不定詞

「〜することになっている」という意味を中心に持ち、①「〜することになっている」［予定・運命］②「〜すべき」［義務］③「〜できる」［可能］（普通はnotやnowhereなどの否定語とともにto be p.p.の形になって「〜できない」）④（if節中で）「〜したいならば」「〜するつもりならば」「〜するために」［意図・目的］などの訳があります。和訳問題では特に④［意図・目的］が頻出です。

if節中のbe to不定詞の訳は(a)「〜したいならば」(b)「〜するつもりならば」(c)「〜するために」になります。ここで(a)や(b)で訳すとおかしな日本語になってしまいますね((a)「私たちの知識が進歩したいならば」、(b)「私たちの知識が進歩するつもりならば」)。ここでは(c)「私たちの知識が進歩するために」と訳すことにします。(a)や(b)で訳したいならば、**「(私たちが)私たちの知識を進歩させたい［させるつもり］ならば」**と少し工夫をして訳すといいでしょう。

if節中のbe to不定詞は、主節にmustやhave toやneed toなどが出現することが多いことも覚えておきましょう。**「〜したいならば［〜するために］、…しなければならない」**という意味になることが多いのです。今回の文でも**we must**…と続いていますね。もうひとつ英文を見ておきましょう。

if節中のbe to不定詞の英文

We need to step back and see where we stand if we are to avoid serious mistakes.

（京都大）

重大な間違いを避けたいならば、私たちは一歩引いて、自分たちの立ち位
置を確認する必要がある。

(3)下線部（波線含む）を訳しましょう。

㊂ これはなぜだろうか。簡潔な答えは、大学の役割に帰着する。大学の役割は、
　　知識を伝えることだけでなく、知識を創り出すことでもある。大学レベルの
　　研究者たちは、私たちの知識が進歩するためには、世間一般の通念を疑お
　　うという気持ちを絶えず持っていなければならないことを知っている。

　　非制限用法（, which〜）を訳す際は、上の訳にあるように、一回「。」で切っ
　　てもかまいません（第59講で詳しく扱います）。

　　conventional wisdom「世間一般の通念［常識］」とは、「世間一般に広く受
け入れられている考え」を意味します。

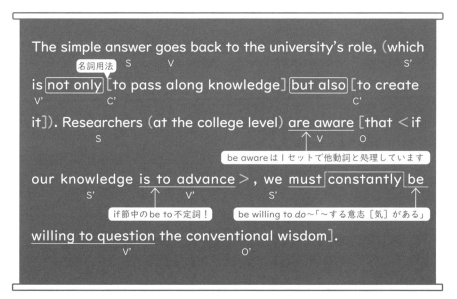

Code 13
　　Ｓ is to *do*〜の形は①to不定詞の名詞用法か②be to不定詞
　　if節中以外　→①**to不定詞の名詞用法**から考える
　　if節中　　　→②**be to不定詞**から考える

to不定詞の用法を判別せよ!

> Looking across history, <u>what's revealed is that in many areas of study the only way to keep advancing the frontiers is for scientists to collaborate, not just with each other, but with everyone.</u>
>
> （東京工業大）

(1) that 節内の SV を答えましょう。

(2) 波線部 to collaborate は to 不定詞の何詞用法ですか？
　　①名詞用法　　　②形容詞用法　　　③副詞用法

(3) 下線部（波線含む）を訳しましょう。

下線が引かれる箇所は無作為に選ばれているのではない。視座を一段上げて、出題者がどういった意図で出題しているのかを考えてみよう。

Words and Phrases

frontier 名 最先端　**collaborate** 動 協力する

Clue

(2) **for scientists** がポイントだ。

解答と解説

(1)that節内のSVを答えましょう。

答 S: the only way　　　　　　　V: is

　that節は前置詞inから始まっていますね。Mで始まり、その後にSがくることを予測しましょう。in many areas of studyがMになり、the only wayが最初に出会う前置詞のつかない名詞になりますからSですね。Mの終わりにカンマがない少しイジワルな形です(第1講参照)。isは現在形の動詞ですから、必ずVになります。

(2)波線部 to collaborate は to不定詞の何詞用法ですか?

答 ① 名詞用法

　直前の名詞scientistsを修飾する形容詞用法だと考えてしまっていませんか? こう考えると、「多くの研究分野において、最先端を切り開き続ける唯一の方法は、互いにだけでなく、すべての人と協力する科学者にとってである」といった訳になり、変ですね。ではどう読めばいいのでしょうか?

　(×) the only way (to keep〜) is for scientists (to collaborate〜
　　　　　　　S　　　　　　　　　　　　V　　　　　　　　　　形 (原形)

　早速種明かしをしてしまいましょう。to collaborateは名詞用法です。for scientistsがto collaborateの意味上の主語になっています!

　to不定詞の意味上の主語は、**形式主語構文**(It is…for A to do〜「Aが〜することは…だ」)や、**形式目的語構文**(make it…for A to do〜「Aが〜することを…にする」)のような、「公式化」された形で出てくると気づきやすいのですが、それ以外の形で出てくると気づくのが難しくなります。いくつか英文を見ておきましょう。

to不定詞の意味上の主語

形 for A to do〜　　訳 「Aが〜する」
＊to不定詞が作る名詞・形容詞・副詞のカタマリは、意味上の主語から始まります。
＜For the brain to convert a visual sensation into the experience of red＞, it must possess the concept "Red."

(東北大)

脳が視覚を赤という経験に変えるために、脳は「赤」という概念を持って
いなければならない。
＊to convert～は副詞用法。副詞のカタマリは意味上の主語から始まる。

Another is the chance (for children to identify with fanciful*
characters who try to work out* conflicts with others and
within themselves). (一橋大)
*fanciful 架空の　work out を解決する
別のものは、他者との争いや自分自身の内面での葛藤を解決しようとする
架空のキャラクターに子供が共感する機会である。
＊to identify～は形容詞用法で the chance を修飾。

When we understand that conflict includes the potential
(for us to create beautiful pearls and contribute to the
world and to ourselves), ～(以下略) (大阪大)
葛藤には、私たちが美しい真珠を作り、世界と自分自身に貢献する可能性
が含まれていることを理解するとき、～(以下略)
＊to create～は形容詞用法で the potential を修飾。and は create～と contribute～をつなぐ。

She had proclaimed that ＜for there to be any hope for
society＞, dreaming of new possibilities was absolutely
necessary. (同志社大・文頭を大文字に改変)
社会に希望があるためには、新たな可能性を夢見ることが絶対に必要であ
ると彼女ははっきり述べた。
＊there is～「～がある」を to不定詞にすると、for there to be～になります。

本文の正しい読み方はこうなります。

(○) the only way (to keep～) is [for scientists to collaborate～]
　　　　　S　　　　　　　　　V｜C　（意味上のS)　　　　名｜(原形)
　　　　　　　　　　　　　　　to collaborate の作る名詞のカタマリは意味上の主語から始まる

　第13講で学んだ S is to do～の形（名詞用法で C になる）に、意味上の主語
がついた形だったのですね（S is for A to do～「S は A が～することだ」）。

　また、The only[best] way to do～is to do…「～する唯一の［最高の］方
法は…することだ」はよく使われる形ですから、覚えておきましょう。

70

(3)下線部(波線含む)を訳しましょう。

答 歴史を見渡してみて、明らかになっていることは、多くの研究分野において最先端を切り開き続ける唯一の方法は、科学者が互いにだけでなく、すべての人と協力することであるということだ。

not just A but (also) B は**「AだけでなくBも」**という意味です(not only A but (also) B と同じ)。not just〜with everyone は **collaborate を修飾します。** collaborate と not just の間のカンマのせいで、to 不定詞の名詞用法のカタマリがカンマで切れると思ってしまったかもしれませんが、それは間違いです。**カンマは必ずしも切れ目を示すわけではありません。**

では collaborate と not just の間にあるカンマは何でしょう? 文構造上はなくても問題ありません。いや、ない方が読みやすいですね。文構造上は不要に思われるカンマがここに置かれている理由は、読み手のリズムを変えることにあると考えられます。つまり、**「音」をコントロールするカンマ**です。カンマがあることで、一拍分の「タメ」ができますね。1度スピードを落とすことになります。**大事なところなので、スピードを落として丁寧に読んでもらうために置かれているカンマ**と解釈することができます。

＜Looking across history＞, [what's revealed] is [that ＜in
　　分詞構文　　　　　　　　　　　　　 S　 S'　　　 V'　　V C
many areas of study＞ the only way (to keep advancing
　　　　　　　カンマがない　　　　　　S'
the frontiers) is [for scientists to collaborate, not just with
　　　　　　　　　 V'　C'（意味上のS）　　 名（原形）
each other, but with everyone]]. 大事な情報の前にカンマ

Code 14

for A to *do*〜「Aが〜する」
to不定詞の前のfor〜は意味上の主語の可能性が高い

ing形を判別せよ！①

> From global temperature change to technology applied at the atomic level, rarely does a day go by without (1)<u>some findings</u> being announced (2)<u>that</u> carry the potential to have a significant impact on mankind.
>
> （京都大）

(1)主節のSVを指摘しましょう。

(2)下線部(1)some findingsは名詞の役割①から⑥のうちのどれですか？
　①S　　②O　　③C　　④前置詞のO　　⑤同格　　⑥副詞的目的格

(3)下線部(2)thatについて適切なものを選びましょう。
　①従属接続詞のthatで名詞節を作る
　②従属接続詞のthatで副詞節を作る
　③関係代名詞のthatで形容詞節を作る

(4)訳しましょう。

> 京都大の過去問だけあって、かなり難しい英文だ。心して取り組んでほしい。

Words and Phrases

go by 過ぎる　　**mankind** 名 人類

Clue

(2)**being announced**がポイントだ。

解答と解説

(1)主節のSVを指摘しましょう。

(答) S: a day　　V: go by

　否定の副詞 rarely が文の先頭部分に置かれ、疑問文の語順（倒置）になっています（第9講参照）。否定の副詞が「文頭」に置かれておらず、**"M, 否定語 疑問文の語順"** という形になっていることで、気づきにくかったかもしれません。**「文の先頭部分」** とは **「Sより前の部分」** と考えてもかまいません。

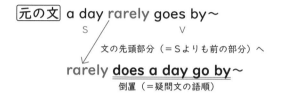

(2)下線部(1)some findings は名詞の役割①から⑥のうちのどれですか？

(答) ① S

　解説の前に、ing形の使われ方の主な可能性を5つまとめておきましょう。

ing形の使われ方の主な可能性

①進行形	→	V(述語動詞)　（be動詞＋ing形）
②動名詞	→	名詞（準動詞）
③現在分詞の形容詞用法	→	形容詞（準動詞）
④分詞構文	→	副詞（準動詞）
⑤知覚・使役動詞のC	→	C(準動詞)

＊to不定詞の進行形（to be -ing）のような「準動詞の進行形」は準動詞。

　解説に入ります。正解は正確には、「動名詞の意味上の主語」となります。being announced は動名詞の受動態で、some findings が意味上の主語（目的格）です！**「いくつかの研究結果が発表されること」** という訳になります。

　動名詞の意味上の主語は、ing形の前に所有格か目的格を置いて表す**ことができます**。my や him など人称代名詞が置かれると気づきやすいのですが、それ以外だと気づくのが難しくなります。

動名詞の意味上の主語

所有格 ing〜 ／ 目的格 ing〜
訳 「所有格 [目的格] が〜すること」

＊動名詞が作る名詞のカタマリは意味上の主語から始まります。
＊人称代名詞以外では、主格と目的格が同じ見た目になります！

主格	所有格	目的格
I	my	me
Nick	Nick's	Nick
dog	dog's	dog

＊文構造上は現在分詞の形容詞用法とも読めてしまうことが多く、どちらで読むかは意味で判断することが多くなります。

Whether we are spelling the words correctly or not, our hand/fingers can often perform the task without [the brain paying any special attention].

目的格

（東京工業大）

私たちが単語を正確に綴っていようとそうでなかろうと、私たちの手や指はよく、脳が何も特別な注意を払うことなく、その作業を行うことができる。

＊ paying を現在分詞の形容詞用法で読むと、「特別な注意を払う脳なしで」となります。動名詞で読んだ方が適切な訳になりますね。

Driving is a complex task and any lack of concentration, however brief it may be, can result in [a driver losing control of a vehicle].

目的格　（北海道大）

運転は複雑な作業であり、どれほど短い間であっても、集中力が欠けると、運転手が車の制御を失ってしまう結果となりうる。

＊ result in や lead to など「因果」を表す表現の後ろで使われることも多い。

　今回の問題で、④前置詞のOを選んだならば、being announcedがsome findingsを修飾していると考えたかもしれませんね。それも文構造上可能な読み方です。being p.p.という形で過去分詞の形容詞用法に「進行」の意味を加えることができます。例えば、a university **being built** in Kochiは「高知県に建てられている（最中の）大学」となります。ここでは「発表されている（最中の）いくつかの研究結果」となります（この時のbeingは正確には現在分詞の形容詞用法ですが、「過去分詞の形容詞用法に『進行』の意味を加えるbeing」と覚える

方がわかりやすいでしょう）。

　しかし全体を訳してみると、「世界的な気温の変化から原子レベルで応用される科学技術まで、人類に重大な影響を与える可能性を持つ**発表されている（最中の）いくつかの研究結果**なしで１日が過ぎることはめったにない。」となります。**動名詞と解釈した訳（⑷の解答参照）の方が良い**ですね。今回の英文のwithout 名詞 ing～という形は、**動名詞の意味上の主語がよく使われる形**であることも知っておきましょう。withoutに限らず、動名詞の意味上の主語は"前置詞 名詞 ing～"という形になることがよくあります。

⑶下線部⑵thatについて適切なものを選びましょう。

㊥ ③関係代名詞のthatで形容詞節を作る

　thatの後ろはS（＝名詞）のない「不完全文」になっていますから、関係代名詞ですね（第４講参照）。carryが三人称単数現在形変化（＝carries）になっていないことから、**先行詞はsome findings**であると考えましょう。

⑷訳しましょう。

㊥ 世界的な気温の変化から原子レベルで応用される科学技術まで、人類に重
　大な影響を与える可能性を持ついくつかの研究結果が発表されることなく
　１日が過ぎることはめったにない。

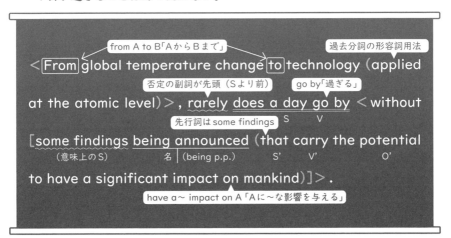

"名詞 ～ing"は動名詞の意味上の主語の可能性あり！

同じ見た目の活用形を見抜け!

「あなたがさまざまな形の部屋がある大きな美術館の警備責任者だとして、壁にかかっている高価な絵が盗まれないように見張るのに、最低何人の警備員を雇う必要があるでしょうか?」という内容に続く文です。

> At first glance, it may seem like a safe prediction that as the number of walls in a room increases, the number of guards needed also increases. However, this is not correct.
>
> (神戸大)

(1)波線部の SV を答えましょう。

(2)下線部＋波線部（At first〜also increases.）を訳しましょう。

SVの正確な把握なくして英文解釈なし! なんとなく訳すのではなく、文構造という根拠をもって訳そう。

Words and Phrases

at first glance 一見

Clue

(1)increasesは名詞? 動詞?

解 答 と 解 説

(1)波線部の SV を答えましょう。

㊵ S: the number　　V: increases

　that 節の中は従属接続詞 as の作る副詞節で始まっています。

[**that** <**as** S'V'…>, S'V'〜] という構造になっています。

[**that** <**as** the number (of walls in a room) increases >,
　　　　　 従接　　　　 S'　　　　　　　　　　　　　　　 V'

the number〜
　　 S'

　では波線部を読んでいきましょう。カンマの直後の **the number が that 節の中で最初に出てくる前置詞のつかない名詞ですから S になりますね**（as から
カンマまでは副詞節＝M のカタマリですよ）。

　次に V を見つけましょう。素直に読めば、needed(過去形) が V になり、
increases が O になりそうです。

the number of guards needed also increases.
　 S'　　　　　　　　　　 V'　　　　　　 O'

　しかし、as 節と合わせて訳してみると、「部屋の壁の数が増えるにつれて、
警備員の数は増加も必要だった。」という訳になり、変ですね。さらに、文中
で needed だけ過去形なのも気になります。他にもっと良い読み方はないで
しょうか？

　さあ、種明かしをしてしまいましょう。**V は increases(現在形)** なのです！
S が単数の the number ですから、三人称単数現在形の s がついているのですね。
そして **needed はなんと、過去分詞の形容詞用法で guards を修飾している**の
です！

the number of guards (needed) also increases
　 S'　　　　　　　　　　　 形|(p.p.)　　　　 V'

　訳も「**部屋の壁の数が増えるにつれて、必要とされる警備員の数も増える。**」
となり、良さそうですね！

分詞の形容詞用法を置く位置について、「1語なら名詞の前、2語以上なら名詞の後ろ」というルールを学びます。確かにこのルールが当てはまることは多いのですが、1語なのに名詞の後ろに置かれたり、2語以上なのに名詞の前に置かれたりすることもあります！ 特によく目にするのが、今回のように過去分詞1語が名詞の後ろに置かれる形です。他の英文も見ておきましょう。

過去分詞の形容詞用法　1語なのに名詞の後ろに置かれている英文

They may change so that the act (performed) does not operate in the way it was expected to.

（大阪医科薬科大・文頭を大文字に改変）

行われた行為が予測された形で作用しないようそれらは変化するかもしれない。

And although not every individual scientist (involved) will fully agree with each sentence and each probability estimate in the IPCC's reports, ~(以下省略)　　　　（大阪大）

そして関係している一人一人の科学者全員が、IPCCの報告書にある各文と各確率予測に完全に同意するというわけではないだろうが、~

＊involvedは「関係している」という意味で辞書には形容詞と記載されています。1語でも後置修飾になる形容詞と考えましょう。people[those] involved「関係者」。concernedも同様です。people[those] concerned「関係者」

　今回の英文の難しいポイントは、過去形も過去分詞形も同じ見た目であるneededがSの後ろに置かれ、**述語動詞に見えてしまうところ**です。さらに**increaseは名詞でも動詞でも使える**ので、文構造上はneededのOととらえることができてしまうのですね。

　過去分詞の形容詞用法が1語で後ろから名詞を修飾していることに、どう気づけばよいのでしょうか？ 今回の英文なら、**訳の違和感と時制**（他の動詞が現在形なのに**neededだけ過去形であること**）がポイントになりました。

　他には、他動詞なのにOがないことで気づける場合もあります。例えば上の大阪医科薬科大の英文です。performは「行う」という意味で、他動詞で使いそうですが、**後ろにOがないので過去分詞の形容詞用法ではないかと気づくことができる**のです（なぜ他動詞の後ろにOがないことが過去分詞の形容詞用法につ

ながるのかわからない人は、第12講を復習しましょう）。

(2)下線部＋波線部（At first〜also increases.）を訳しましょう。

㊜ 一見、部屋の壁の数が増えるにつれて、必要とされる警備員の数も増える
というのが、無難な予測であるように思えるかもしれない。しかし、これ
は正しくない。

　safeは「**無難な**」と訳しましたが、「**確実な**」などでもいいでしょう。

　ここの従属接続詞asの訳は「**つれて**」です。従属接続詞asの訳はたくさん
ありますが、「**増減**」「**変化**」**を表す語や**比較級**がある時は、「つれて」になる
ことが多い**ことを覚えておきましょう（第44講で詳しく扱います）。

　At first glance「一見」で始まっている時点で、この文の後にbutや
howeverがある可能性が高いことを予測できていると、読むのが速くなります。
「**一見〜だが、実は…**」という流れを作ることが多い表現なのです。mayや
seemもat first glanceと相性のよい言葉です（P.51参照）。

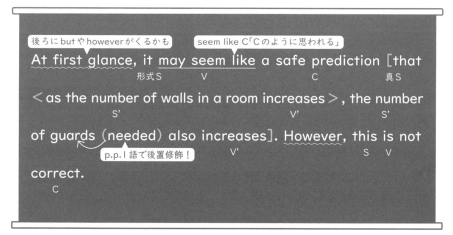

 **1語なのに名詞の後ろに置かれる過去分詞の
形容詞用法を見抜け！**

ing形を判別せよ! ②

Communication by both professional and amateur news outlets* allows us to absorb and reconsider a wide range of news, which we can then analyze to offer an informed and educated opinion. However, <u>there is an area of this type of reporting that in fact can be problematic, this [being] the media's habit of stereotyping certain members of society.</u>

（北海道大）

*Communication by both professional and amateur news outletsは「プロ・アマ両方のニュースメディアによるニュース報道」です。

(1) [being]について適切なものを選びましょう。
① 動名詞　　　　　　② 現在分詞の形容詞用法
③ 分詞構文　　　　　④「存在」という意味の名詞

(2) 下線部を訳しましょう。

「形」から文構造の予測を立てられるようになると、正確さと速さを両立することができるんだ。

Words and Phrases

analyze 動 を分析する　**stereotype** 動 を固定観念でとらえる

Clue

(1) 直前の**this**がポイントだ。

解答と解説

(1) being について適切なものを選びましょう。

(答) ③分詞構文

　this の前のカンマまでを読むと、**名詞の不足のない「完全文」**となっていますから、**カンマから後ろはMになりそうだ**と考えましょう。

there is~構文は第1文型(SV)	関係代名詞 that 節も SVC が完成

there is an area (of this type of reporting) (that < in fact >
　　　　V　　　S　　　　　　　　　　　　　　　　　　　　　　　　S'

can be problematic, this being the media's habit~
　　V'　　　　　　C'　　　　　　　→Mのカタマリになるはず

　Mになるのは主に形容詞か副詞ですから、②現在分詞の形容詞用法か③分詞構文に絞れます。さらに形から、③分詞構文だと考えましょう。分詞構文は使われる形が決まっています。まずは基本3パターンを覚えておきましょう。

分詞構文が使われる形　基本3パターン

①ing[p.p.]~, SV…　　(文頭)
②S, ing[p.p.]~, V…　　(文中)
③SV…, ing[p.p.]~　　(文末)*
*③の形では、**カンマがない形**もしばしば使われます。その時は、「**~しながら**」という意味になります。

　しかし、今回の英文は基本3パターンに当てはまっていないですね。being の前に this があります。ではなぜ分詞構文とわかるのでしょうか? 実はここは、分詞構文の意味上の主語が書かれている形(独立分詞構文)になっているだけなのです。この形を発展3パターンとしてまとめておきましょう。

発展3パターン　分詞構文の意味上の主語(独立分詞構文)

形 ①名詞 ing[p.p.]~, SV…　　(文頭)
　 ②S, 名詞 ing[p.p.]~, V…　　(文中)
　 ③SV…, 名詞 ing[p.p.]~　　(文末)
*分詞構文の作る副詞のカタマリは意味上の主語(名詞)から始まります。

The individual members of the society are divided into groups, ＜each having a specialized function and often exhibiting markedly different bodily structures＞.

＊社会性昆虫の話です。 (大阪大)

その社会の個々の構成員は複数の集団に分けられ、それぞれが専門化した機能を持ち、しばしば、顕著に異なる体の構造を示す。

The bridge was split in the middle to offer a choice between two curved routes, ＜one twice as long as the other＞.

(神戸大)

その橋は２つの曲がったルートの選択肢を与えるために真ん中で分けられ、片方はもう一方の２倍の長さであった。

＊oneとtwiceの間にbeingが省略されています。分詞構文ではbeingが省略されることがよくあります。beingが省略されると、意味上の主語に気づくのが難しくなるので注意が必要です。

　beingが分詞構文で、thisが意味上の主語になっていると読むと、thisから最後までを副詞（＝M）のカタマリにすることができます。今回の英文ではbeingが省略されていないので、形を知っていれば気づきやすいですね。

⑵下線部を訳しましょう。

 プロ・アマ両方のニュースメディアによるニュース報道のおかげで、広範囲に及ぶニュースを取り入れ、再考することができる。そしてそういったニュースを分析し、十分な情報と知識に基づいた意見を述べることができる。しかし、この種の報道には、実は問題となりうる部分があり、それは、社会のある特定の構成員を固定観念でとらえてしまうというメディアの習性である。

However, there is an area (of this type of reporting) (that
　　　　　　　　　　V　　　S
＜in fact＞ can be problematic), ＜this being the media's
　　　　　　　　先行詞はan area　S'
　動名詞　V'　　　　　C'　　　（意味上のS）副|(ing)
habit of stereotyping certain members of society＞.
(C)

82

流れを指し示す「標識」を探せ!

今回は、「ディスコースマーカーの活用による速読」です。「文章」をまとまりのあるものとして読むためには、文と文の関係をつかまねばなりません。並んでいる文同士は無関係ではなく、何かしらの関係を持って意図的に並べられているのです。文と文との関係をざっくりと分けると、①同じ流れ ②因果の流れ ③逆の流れの3つに分類することができます。

「ディスコースマーカー」(discourse marker)とは、3つの流れのどれになるかを明確に教えてくれる言葉で、接続語句のようなものです(「論理接続語」と呼ばれることもあります)。for example(①同じ流れ)、as a result(②因果の流れ)、however(③逆の流れ)などがあります。例えば文頭にFor exampleがあれば、前の内容と同じ流れ(具体例)になることがわかります。前の内容が読めているなら「確認」で読めばOKですね。前の内容がわからなかったならば、For exampleの後ろが読めれば、前も似たようなことを言っていると推測ができます。

howeverが置かれていれば、「逆」の流れになるわけです。**流れが変わるのでスピードを落として丁寧に読むべき**だと判断できます。速読力と本文理解を共存させるためには、スピードを上げた「確認モード」と、スピードを落とした「丁寧モード」の切り替えをしてメリハリをつけることが大切です。ディスコースマーカーを**スピードの切り替えの標識や信号のように使える**わけです。

ディスコースマーカーは「接続語句」のようなものであると聞くと、「接続詞」と結びついてしまいがちですが、接続詞とは限りません。ディスコースマーカーの品詞は主に接続詞・副詞・前置詞の3つです。例えばbutもhoweverも逆の流れを作るディスコースマーカーですが、**but**は等位接続詞で**however**は副詞です。長文中空所補充問題でディスコースマーカーが出題される時は、**意味だけでなく品詞もポイント**になります。**品詞と意味を正確に覚える**ようにしましょう。

副詞のディスコースマーカーは、**文頭**(However, SV〜)だけでなく、**文中**(S, however, V〜)や**文末**(SV〜, however.)に置かれることもあります。和訳する場合はすべて、最初に訳しましょう。

準動詞を攻略せよ!

> Heat waves are another predicted consequence of climate change. In the United States, for example, they are believed to be the most dangerous natural disasters with more people killed than hurricanes, earthquakes, and other disasters combined. （北海道大）

(1) killed について適切なものを選びましょう。

① 過去形でV（述語動詞）　　② 過去分詞の形容詞用法

③ 分詞構文　　④ ①から③に正解なし

(2)下線部を、theyが指す内容を明示して訳しましょう。

> 下線部はfor exampleの後ろにあるので、前の内容の具体化（同じ流れ）になるはずだ。自分の読みが前の内容とズレていないかチェックしよう。

Words and Phrases

heat wave 名 熱波

Clue

(1)withがポイントだ。

解 答 と 解 説

(1) killed について適切なものを選びましょう。

答 ④ ①から③に正解なし（付帯状況のwithで使うp.p.）

　　more people の前にある with が、いわゆる「付帯状況のwith」であることに気がつきましたか? with の前にカンマがないのが難しいポイントですね。**付帯状況のwith** は "with 名詞〜" という形で、「〜」には ing や p.p. を置くことができます。killed は「**付帯状況のwithで使われるp.p.**」ですから、④「**正解なし**」としています。付帯状況のwithについての基本を確認しておきましょう。

付帯状況のwith

形　　**with 名詞 〜** ←「〜」には、ing、p.p.、形容詞、副詞、前置詞句など

直訳　「名詞が〜な状態で」←訳出には工夫が必要なことも

＊「付帯状況」とは、主節で表されていることがらと同時、あるいは、ほぼ同時に起こっていることがらを指す用語です。

＊「名詞」にあたる部分に下線、「〜」にあたる部分に波線を引いています。

She had to drive, <with me lying down in the back>, to the hospital.　　　　　　　　　　　　　　　　　　　　　（東京工業大）

彼女は、私が後部座席に横になった状態で、病院へ運転しなければならなかった。

Her plan was to have outside observers look at the tapes <with the sound off> and grade the effectiveness of the teachers by their expressions and gestures.　（青山学院大）

彼女の計画は外部の評者に音を消した状態でそのテープを見てもらい、教師の表情と身振りによって、その教師たちの授業がどれほど効果的かを採点してもらうことであった。

＊直訳は「音が消えた状態で」です。the effectiveness of the teachers の部分は、名詞構文（第32講）の処理も含めて、工夫して訳しています。

　　付帯状況のwith は「独立分詞構文（＝分詞構文に意味上のSがついた形）の前にwithがついている」という考え方をすることもあります。この考え方をするならば、今回の問題の答えは③分詞構文となります。しかし、通常の分詞構文とは異なる振る舞いをする部分もありますので、本書ではこの考え方は採用しません。過去分詞形の使われ方の主な可能性5つ（第12講参照）のどれにも該当しない、「付帯状況のwithで使うp.p.」と考えます。

(2)下線部を、theyが指す内容を明示して訳しましょう。

答 気候変動の予測されたもうひとつの影響は、熱波である。例えばアメリカでは、ハリケーンと地震とその他の災害を合わせた数よりも多くの人が亡くなっているので、熱波は最も危険な自然災害であると考えられている。

they は **heat waves** を指しています。

　付帯状況のwithとわかったところで、訳しにくいと感じたのではないでしょうか？　直訳をすると、「**ハリケーンと地震とその他の災害を合わせた数よりも多くの人が亡くなっている状態で**、熱波は最も危険な自然災害であると考えられている。」となりますが、少し変な感じがしますね。

　実は付帯状況のwithは、訳出に工夫が必要なことが多々あります。「**名詞が～な状態で**」ではうまく訳せない時は、(1)「**名詞が～ので**」(2)「**…、名詞は～**」と訳すとうまくいくことが多いことを覚えておきましょう。

付帯状況のwithの訳出の工夫

(1)「**名詞が～ので**」（理由）

＜ With nearly everyone focused on the supposed benefits of salt restriction ＞, little research was done to look at the potential dangers.　　　　　　　　（青山学院大）

ほぼ全員が塩分制限の想定された利点に注目していたので、潜在的な危険を調査する研究はほとんど行われなかった。

(2)「**…、名詞は～**」（andでつなぐように前から順番に訳す）

Medical interventions, she says, cannot solve the problem of overall decline, ＜ with the only promising approach lying in slowing down the ageing process itself ＞.　（大阪医科薬科大）

医療の介入では体全体の衰弱という問題を解決できず、唯一の有望な方法は老化の過程そのものを遅らせることにあると彼女は言う。

＊lie in～「～にある」。ちなみにageingはイギリス英語の綴り（アメリカ英語だとaging）。

　今回は付帯状況のwithで表されている内容が、「熱波は最も危険な自然災害であると考えられている」理由と判断し、(1)「**名詞が～ので**」で訳します。

they are believed to be the most dangerous natural
S   V「～ので」

disasters ＜with more people killed than hurricanes,
C 付帯状況 名詞   p.p.

earthquakes, and other disasters combined ＞.

比較級 than～combined
比較級 than～put together }「～を合わせたよりも 比較級」

付帯状況のwithの訳は　①「 名詞 が～な状態で」
②「 名詞 が～ので」　③「…、 名詞 は～」

V2つめOKサインを探せ!

アフリカでの選挙について論じた英文の一部です。

Indeed, Africa's so-called tribes are better seen as mini-nations with completely distinct languages. That people vote along ethnic lines is often entirely rational, much like people in the West vote according to class or region.

(一橋大)

(1)波線部の主節のSVを指摘しましょう。

(2)波線部＋下線部（That people～or region.）を訳しましょう。

簡単な単語ほど使い方が多様で奥深い。何気ない単語こそ慎重に。辞書を引くことも怠らないでほしい。

Words and Phrases

so-called 形 いわゆる　**tribe** 名 部族　**rational** 形 合理的な　**class** 名 階級

Clue

(1)波線部にVは何個あるだろうか?

解答と解説

(1)波線部の主節のSVを指摘しましょう。

(答) S: That people vote along ethnic lines　　V: is

　That peopleをS、voteをVと読んでしまっていませんか?そう読んでは
ダメな理由は2つの観点から説明することができます。まず第一に、people
は「人々」という意味なら常に複数扱いなので、thatではなくthoseになる
はずだからです。また、「国民」「民族」という意味では、aをつけたり複数形
(peoples)にしたりすることができ、可算名詞の扱いになりますが、前文の
Africa's so-called tribes「部族」を指すとしても、tribesは複数形なのでやは
りthose peoplesとなりそうです。

　第二にV2つめOKサインのルール違反が生じてしまうからです(「V2つめ
OKサイン」については第12講でも扱いましたね)。

V2つめOKサイン

原則ルール

1つの文で無条件に使ってよいVの数は原則1つ。2つめ以降を使うため
には、(1)接続詞 (2)疑問詞 (3)関係詞のいずれかが必要(頭文字をとって「接・
疑・関」と覚えましょう)。本書ではこの3つをまとめて「V2つめOKサイ
ン」と呼ぶことにします。

＊カンマは原則、V2つめOKサインにならないことに注意しましょう。

＊コロン(:)、セミコロン(;)、ダッシュ(──)の後ろではVを使うことも可能。

＊例外ルールは第23講で扱います。

　さらに、V2つめOKサインの省略可能ルールも3つ覚えておきましょう。

V2つめOKサイン省略可能ルール

(1)従属接続詞thatは省略可能

＊ただし、従属接続詞thatの作る名詞節がSになる時は省略できません(形式主語に対する真主
語の時を除く)。

(2)"名詞(先行詞)＋関係詞 SV～"の形の関係詞は省略可能

＊「関係詞を省略して先行詞の直後にSVが続く形になる時は、関係詞を省略できる」というこ
とです。「"名詞＋SV"の形は関係詞の省略」と覚えておきましょう。

では、V2つめOKサインの観点から説明していきましょう。That people を
S、vote をV と考え読み進めると、is に出会ってしまいます。is は現在形ですか
ら必ずV です！ここで「あれ!? V2つめOKサインがないのにV が2個出てき
てしまった！」と気づき、読み間違いに気づけることが大切です。

(×) That people vote along ethnic lines is～
　　　　　S　　　　V　　　　　　　　　　　V ◀ 2つめのV!?

このようにV2つめOKサインの数が足りないように思える時は、⑴V でな
いものをV だと考えてしまっている　⑵V2つめOKサインを見逃している　の
2つの原因がありえます。

まずは⑴から考えてみます。述語動詞と準動詞の見極めを間違えているのか
もしれません。見極めには動詞の活用形が大切でしたね（第12講参照）。is は現
在形しかありえませんから、必ずV になります。しかし**vote は見た目上、原形
も現在形もありえます。原形か現在形かを見分けるためには、原形の使われ方
の主な可能性を覚えておくことが大切です。**

原形の使われ方の主な可能性

①命令文　　　　　　　　→　V（述語動詞）
②助動詞の後　　　　　　→　V（述語動詞）
③仮定法現在　　　　　　→　V（述語動詞）
④to不定詞　　　　　　　→　名詞・形容詞・副詞（準動詞）
⑤知覚・使役動詞のC　　→　C（準動詞）

vote は原形の使われ方の主な可能性5つのうちのどれでもありませんから、
現在形です。現在形ということは、必ずV になります。やはりV は2つになる
ようです。ならば、⑵**「V2つめOKサインを見逃している」**が原因のはずです。
探してみましょう！

さあ、種明かしです。V2つめOKサインは従属接続詞That で、名詞節を作
りS のカタマリになっているのです！

(○) [That people vote along ethnic lines] is〜
　　 S 従接　　S'　　V'　　　　　　　　　　　V

isがVであるということは、Sは単数でなければなりません。 従属接続詞thatの作る名詞節は単数扱いですから、問題なしですね！

　今回のような、従属接続詞thatの作る名詞節が文頭に置かれSになる形は、そう頻繁に見かけるものではありません。このような見慣れない形では、文構造のルール（今回はV2つめOKサインのルール）に基づいて読み間違いに気づき、ルールを守れるように読み方を調節することが大切です。

⑵波線部＋下線部（That people〜or region.）を訳しましょう。

㊜ 実際、アフリカのいわゆる部族は、完全に異なる言語を持つ小さな国家として見る方がよい。西洋の人々が階級や地域に応じて投票するのとほぼ同じように、人々が民族に合わせて投票することは、まったくもって合理的であることが多い。

　vote along ethnic linesの直訳は、「民族の線に沿って投票する」です。「民族の線」とは「民族の区切り」という意味で、「民族の区切りに合わせて投票する」、つまり「自分と同じ民族の候補者に投票する」という意味です。

　likeは従属接続詞で、「〜と同じように」という意味です。sameやlikeなど「同じ」を表す語句の前に置かれたmuchは、「ほぼ」という意味です。

[That people vote along ethnic lines] is often entirely
S 従接　　S'　　V'　　　　　　　　　　　V
rational, < much like people (in the West) vote < according
C　　「ほぼ」　　従接　　S'　　　　　　　　　V'
to class or region >>.
「〜に応じて」「〜に従って」

Code 19
2つめ以降のVを見つけたら、V2つめOKサインを探せ！
「V2つめOKサイン」は⑴接続詞 ⑵疑問詞 ⑶関係詞の3つ

thatの識別 ①

> *On Liberty* is a short work of fewer than 50,000 words, divided into five chapters. The first chapter sets out the basic principle (1)│that│ lies behind the whole book, (2)│that│ there can be no justification for society to interfere with the freedom of action of any individual, except where that freedom causes harm to someone else.
>
> （お茶の水女子大）

(1) (1)│that│について適切なものを選びましょう。
　①従属接続詞のthatで名詞節を作る
　②従属接続詞のthatで副詞節を作る
　③関係代名詞のthatで形容詞節を作る

(2) (2)│that│について適切なものを選びましょう。
　①従属接続詞のthatで名詞節を作る
　②従属接続詞のthatで副詞節を作る
　③関係代名詞のthatで形容詞節を作る

(3)下線部を訳しましょう。

thatの識別がポイントだ。根拠を持って識別できないなら、第4講の解説を復習しよう。

Words and Phrases

work（可算名詞）作品　**set out** を説明する　**justification** 名 正当な理由
except where～ ～する場合を除いて

Clue

(1)(2)thatの後ろは完全文か不完全文か？

　解説に入る前に、今回のポイントを説明します。下線部を読み始めると、The first chapterがSで、sets out「説明する」がV、the basic principleがOとなっています。(1) |that| の直後にはV(lies) が来ていますね。(2) |that| の後ろにもV(can be) があります。ということは、**どちらのthatもV2つめOKサインになるはずです**。V2つめOKサインのthatは主に、従属接続詞か関係代名詞になります（関係副詞になることもありますが、あまり多くありません）。

V2つめOKサインのthat

	作る節	thatの後ろの形
従属接続詞 that	主に名詞節 （たまに副詞節）	必要な名詞（S・O・C・前置詞のO）が1つも欠けていない文（＝完全文）
関係代名詞 that	形容詞節	必要な名詞（S・O・C・前置詞のO）が1つ欠けた文（＝不完全文）

＊従属接続詞thatの作る名詞節が前置詞のOになるのは、**in that ~**「～という点で」と **except[save / but] that ~**「～を除いて」のみです。

＊従属接続詞のthatが副詞節を作るのは、主に定型表現（so~that構文など）の時だけです。

解答と解説

(1) (1) |that| について適切なものを選びましょう。
(答) ③関係代名詞のthatで形容詞節を作る

　直後にV(lies) があり、Sの欠けた「**不完全文**」になっていますから、関係代名詞と判断します。先行詞はthe basic principleで単数ですから、liesには三単現のsがついているのですね。

(2) (2) |that| について適切なものを選びましょう。
(答) ①従属接続詞のthatで名詞節を作る

　後ろを見ると、there is~構文が使われていますね。**there is~構文を5文型の枠組みで捉えると、第1文型（isがVで、「～」に入る名詞がS）になります。**there can be(V) no justification(S) の時点で第1文型が完成しましたから、**必要な名詞が1つも欠けていない「完全文」が続いており、従属接続詞のthatだろうと判断しましょう**。その後、最後まで読んでも、必要な名詞が欠けている部分はありません（interfereは自動詞ですからOは不要です）。

　従属接続詞のthatであるということは、主に名詞節を作ります。**名詞節はS・O・C・前置詞のO・同格のどれかになります。ここではS・O・C・前置**

詞のOのどれにもなりませんから、(2)|that| の作る名詞節はMになるはずです。よって、同格と判断します。従属接続詞thatの作る名詞節が同格になる場合について、以下のことを覚えておきましょう。

従属接続詞thatの作る名詞節が同格

|基本形| 名詞 [that 完全文〜] 「〜という名詞」

|注意点|

①同格になるthat節で説明できる名詞には限りがあります。動詞にしたらthat節をとれるもの*、「事実」、「情報」、「可能性」、「考え」、「発言」、「認識」を表す名詞などが、同格になるthat節で説明できる主な名詞です。

＊ knowledge(動詞know がthat節をとれる)、suggestion(suggest that) など。

The idea [that everyone should get married and stay with their spouse for the rest of their life] is a recent innovation with a history of little more than 100 years.　　　　(慶應大)

誰もが結婚して、残りの人生を配偶者とともに過ごすべきだという考えは、たった100年の歴史しかない最近の新しい考えである。

＊第4講、第8講の英文も参照してください。

②名詞と同格になるthat節が離れてしまうことがあります。

では今回はどの名詞と同格になっているでしょうか。直前の the whole book は同格になるthat節で説明できる名詞ではありません（カンマも普通はつきません）。さらに遠くまで探してみると the basic principle があります。principle は同格になるthat節で説明できる名詞です（「考え」を表す名詞に分類できます。第8講でも出てきましたね）。注意点②にあるように、名詞とthat節が離れているのが難しいポイントですね。

なお、book と that の間にあるカンマは、(1)|that| の作る関係代名詞節が終わったことを教えてくれるために置かれていると考えられます。

(3)下線部を訳しましょう。

(答)『自由論』は5万語未満の短い作品で、5章に分かれている。最初の章では、個人の行動の自由が他者に害をもたらす場合を除いて、社会があらゆる個人の行動の自由に干渉する正当な理由は存在しえないという、その本全体の背後にある基本原則が説明されている。

英語の文構造通り、「**最初の章は〜基本原則を説明している。**」と訳しても
かまいません。より日本語として適切に聞こえるように工夫しました。

justification to *do*〜「〜する正当な理由」 に意味上の主語がついて、
justification for A to *do*〜「Aが〜する正当な理由」 になっています。

that freedom を指示対象である the freedom of action of any individual
より先に訳すことになったので、「あの自由」と訳さず、指示対象を具体化し
て訳しています。

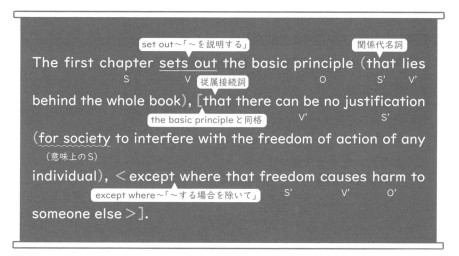

The first chapter sets out the basic principle (that lies
behind the whole book), [that there can be no justification
(for society to interfere with the freedom of action of any
individual), < except where that freedom causes harm to
someone else >].

set out〜「〜を説明する」
関係代名詞
従属接続詞
the basic principle と同格
（意味上の S）
except where〜「〜する場合を除いて」

Code 20

V2つめOKサインのthatは従属接続詞か関係代名詞
後ろが「**完全文**」なら従属接続詞、「**不完全文**」なら関係代名詞

thatの識別 ②

「インターネットをはじめとする科学技術の発達によって、たくさんの情報を安価に保存できるようになった」という内容に続く英文です。

Our powers to remember have shifted the standards so that forgetting is the accident or exception, Mayer-Schönberger asserts. <u>We have moved so quickly from forgetting most of our stuff to remembering most of it</u> <u>that</u> <u>we have neglected to measure the effects of the change.</u>

（同志社大）

---

(1) that について適切なものを選びましょう。
　①従属接続詞のthatで名詞節を作る
　②従属接続詞のthatで副詞節を作る
　③関係代名詞のthatで形容詞節を作る

(2)下線部を訳しましょう。

thatはとても奥が深く、英文解釈の落とし穴になることが多いんだ。本書では全体を通してthatを重点的に扱っている。繰り返し復習しながら身につけていこう。

Words and Phrases

assert 動と主張する　**neglect to _do_〜** 〜することを怠る

Clue

(1)視野を広く持とう。

解 答 と 解 説

(1) |that| について適切なものを選びましょう。

(答) ②従属接続詞のthatで副詞節を作る

　前にあるsoと1セットで使われ、so～that構文を作っていることを見抜けたでしょうか？　このthatは従属接続詞で、soを修飾する副詞節を作ります。soとthatを使った定型表現は高い頻度で使用され、和訳問題でも頻繁に出題されます。so～thatとso thatに分けて知識を整理しておきましょう！

so～that…

|形| so～＜that 完全文…＞ ←thatは省略されることもある
|訳| ①「とても～なので…」←基本はこっち
　　②「…するほど～」←①でうまくいかないならこっち

＊soは「それほど」という意味の副詞です。that節は「それほど」とは「どれほど」なのかを説明する副詞節となります。

＊So～が文頭に置かれ、"So～疑問文の語順（倒置）that完全文…"という形になることもあります。

I started to fear that we would get there |so| late ＜|that| we would miss our reservation＞.　　　　　　　（学習院大）

私たちはそこに着くのがとても遅れる<u>ので</u>、予約に間に合わないのではないかと私は心配になり始めた。

＊直訳は「私たちはそこに着くのがそれほど遅れるだろう。それほどとはどれほどかというと、予約に間に合わないだろうほどだ。」

主節が否定文の時は②で訳さないとおかしくなります。

Your car is comfortable, but it's <u>not</u> |so| comfortable ＜|that| you want to spend more time in this big metal container than you have to＞.　　　　　　　（お茶の水女子大）

あなたの車は快適だが、必要以上にこの大きな金属の容器の中で時間を過ご<u>したいと思うほど</u>快適ではない。

＊①で訳すと「あなたの車はとても快適でないので、必要以上にこの大きな金属の容器の中で時間を過ごしたい。」となり、おかしいですね。

so that〜

形 ＜so that 完全文〜＞ ←that は省略されることもある
訳 ① 「〜ために」（目的）
　 ② 「〜ように」
　 ③ 「その結果〜」←普通は so that の前にカンマがある
＊so that1 セットで1つの従属接続詞となります。
＊①②ではカンマがないことが多く、③では so that の前にカンマがあることが多いのですが、必ず守られるルールではありません。

His goal was to make the whole world a library ＜so that people could share their books for free ＞.
（中央大）
彼の目標は、人々が自分の本を無料で共有できる<u>ように</u>、世界全体を図書館にすることだった。
＊His goal(S) was(V) to make〜(C)（第13講参照）

Furthermore, standards of spelling have changed over time, ＜so that what we consider to be incorrect today may well have been viewed as acceptable in the past ＞.
（慶應大）
さらに、綴りの基準は時代と共に変化しており、<u>その結果</u>、今日では間違っていると考えるものが、過去には容認できるとみなされていた可能性が十分にある。

「今回の英文の that は so〜that 構文の that である」と答えを聞くと、簡単に感じるかもしれません。しかし、気づけなかった人も少なくないのではないでしょうか。

　実は so〜that 構文は、not A but B「A ではなく B」や from A to B「A から B まで」（下線部に含まれていますね！）と並んで、気づけないことが非常に多い表現です。今回の英文のように、so と that が離れてしまうと難しくなります。離れた so〜that…に気づけるようにするために、次の2点を心がけましょう。

離れたso〜that…に気づくために

① soを「とても」と読まずに「それほど」と読む

＊**「どれほど？」**と疑問に思うことが大切です。

② thatが関係代名詞なのか従属接続詞なのか突き止める

＊thatの後ろが完全文だから従属接続詞→名詞節なのにS・O・C・(前置詞のO)・同格にならない→ん？ あ！ 前にsoがある！

⑵下線部を訳しましょう。

(答) 私たちの覚えておく力が、忘れることが偶然または例外的な出来事となるように基準を変えてしまったと、マイヤー＝ショーンベルガーは主張している。**私たちは、物事のほとんどを忘れることから、そのほとんどを覚えていることへと、とても急に移行したので、その変化の影響を測ることを怠ってきた。**

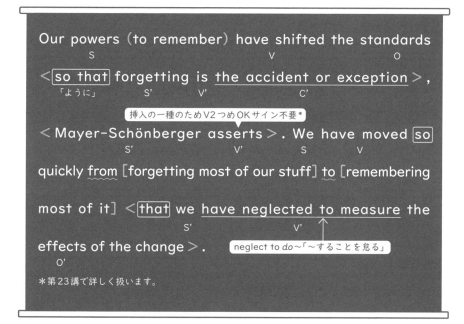

Our powers (to remember) have shifted the standards
S V O

<[so that] forgetting is the accident or exception>,
「ように」 S' V' C'

挿入の一種のためV2つめOKサイン不要＊

<Mayer-Schönberger asserts>. We have moved [so]
S' V' S V

quickly from [forgetting most of our stuff] to [remembering

most of it] <[that] we have neglected to measure the
S' V'

effects of the change>.
O'

neglect to *do*〜「〜することを怠る」

＊第23講で詳しく扱います。

Code21

離れたso〜that…に注意せよ!
soを「それほど」と読み、thatの正体を突き止めよう!

盲点となるV2つめOKサイン

> A technology that is intended to redirect society will usually fail. In fact, most technology companies do not introduce new technology but new ways to use ideas that already exist. They spend a great deal of time and money on market research — that is, determining where society already wants to go. <u>Only once this direction is determined do they tailor a new product to meet that need.</u>
>
> （東京工業大）

⑴下線部の主節のSVを答えましょう。

⑵下線部を訳しましょう。

> 英語学習に辞書は必携だ。紙でも電子辞書でもアプリでもいいが、『ジーニアス英和辞典』や『ウィズダム英和辞典』といった学習者用の辞書を使おう。

Words and Phrases

redirect 動 の方向を変える　**tailor O to** *do*〜 〜するようにOを作る

Clue

⑴Vは何個あるだろうか？

解答と解説

(1)下線部の主節のSVを答えましょう。

答 S:they　　　　　　　V:tailor

　Only onceが副詞で「たった１回」という意味、this directionが主節のS、is determinedがVと考えてしまっていませんか？　そう考えた場合、後ろでdo they tailor～という疑問文の語順に出会って、**①なぜ疑問文の語順なのか？②V2つめOKサインはどこだ？**という２つの疑問が浮かぶべきです。

> ①なぜ疑問文の語順？

< Only once > this direction is determined do they tailor～.
　　　　　　　　　　　S　　　　　　V　　　　　S　　V

> ②V2つめOKサインはどこだ？

　まず①の謎を解き明かしましょう。**疑問文の語順、つまり倒置になっている理由は、否定の副詞であるonlyが文の先頭部分に置かれているからです。**第9講で「否定の副詞が先頭にあれば、主節が疑問文の語順（倒置）になることを予測しよう」と学びましたね。先頭にOnlyを見た時点で、倒置を予測できたでしょうか？

　次に②の謎へと進みます。①の謎が解けたことで、**主節はdo they tailor～であること**がわかりましたから、**is determinedの使用を許すV2つめOKサインが必要となります。**V2つめOKサインはどこでしょうか？　省略のルールはどれも当てはまりませんから、書いてあるはずです。探しましょう！

　さあ、種明かしです。**実は、onceが従属接続詞なのです！**従属接続詞onceは盲点になりやすいのですが、頻繁に使われます。訳を覚えておきましょう！

従属接続詞once

訳 ①「いったん～すると」
　　②「～するとすぐに」
　　③「～すれば」(ifのような意味)

< Once cooking allowed us to expand our cognitive capacity at the expense of our digestive capacity >, there was no going back.　　　　　（東京工業大・文末をピリオドに改変）

いったん調理によって私たちが消化能力を犠牲にして認知能力を向上させることができるようになると、もう後戻りはできなかった。

＜ Once the Industrial Revolution had drawn workers into the towns ＞, knowledge of country cooking died.　　（大阪大）
産業革命によって労働者が都市部に集まるとすぐに、田舎料理の知識は消滅した。

(2)下線部を訳しましょう。

㊈ 社会の方向を変えることを目的とした技術は、普通は失敗することになる。実際、ほとんどのテクノロジー企業は、新しいテクノロジーを発売するのではなく、すでに存在しているアイディアを使う新たな方法を発売する。そういった企業は市場調査に、つまり社会が既に向かいたいと思っている方向を特定することに多大な時間とお金を費やす。この方向がいったん特定されて初めて、それらはその必要を満たせるように新製品を作る。

onceは①「いったん〜すると」であると判断した日本語訳にしています。onlyは「初めて」と訳すと綺麗に訳せることがあるのでしたね（第9講参照）。onceを③「〜すれば」（ifのような意味）と判断し、only if〜「〜する場合に限り」と同じように「特定された場合に限り」と訳してもよいでしょう。

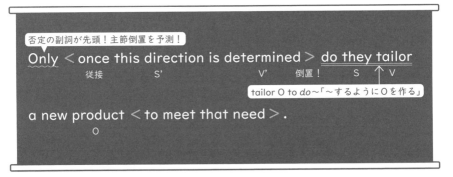

否定の副詞が先頭！主節倒置を予測！
Only ＜ once this direction is determined ＞ do they tailor
　　　　従接　　　　　S'　　　　　　　　V'　　　倒置！　S　↑ V

tailor O to do〜「〜するように O を作る」

a new product ＜ to meet that need ＞.
　　　　　　　　　　　　O

Code 22

従属接続詞onceは盲点になりがちなので注意せよ！
①「いったん〜すると」②「〜するとすぐに」③「〜すれば」

「同じ」流れを把握せよ!

　前回、**文と文の関係をざっくり分けると、①「同じ」流れ　②「因果」の流れ ③「逆」の流れ　の３つに分けることができること**と、ディスコースマーカーについて説明しました。今回は①「同じ」流れについて詳しく見ていきましょう。

　すべての文と文の間にディスコースマーカーが置かれるわけではありません ね。ディスコースマーカーなしで、ただ文を並べるだけのこともあります。いや、そちらの方が多いでしょう。ディスコースマーカーなしで並べられた文と文の関係は、多くの場合、同じ流れになります。英文は「抽象→具体」の流れで書かれることが多く、後ろの文は、前の文の内容をより具体的にした内容になることが多いことを覚えておきましょう。たとえばA、B、Cという３つの文がディスコースマーカーなしで並んでいるとしましょう。Aを読んで内容がはっきりとつかめたならば、BとCは**確認モードでスピードを上げて読んでいきましょう。** Aを読んで内容がよくわからない時は、Bに進んでみましょう。Bを読んでもよくわからないなら、さらにCに進んでみましょう。Cで内容がはっきりつかめたのなら、AもBもあるものに対してプラスなことを書いていたのか、それともマイナスなことを書いていたのかは変わらない可能性が高いのです。

　同じ流れはディスコースマーカーなしでも作ることができるのですが、さらにはっきりと前文との関係を示すために、以下のようなディスコースマーカーを置いてくれることもよくあります。いくつか代表的なものを挙げておきます。**以下のディスコースマーカーを見たら、訳が浮かぶだけでなく、同じ流れになるということも意識するようにしましょう。**

［具体化］
　for example(副詞)、for instance(副詞)、such as(前置詞)、in fact(副詞)
［言い換え］
　in other words(副詞)、that is (to say) (副詞)、in short(副詞)
［追加］
　also(副詞)、in addition(副詞)、furthermore(副詞)、moreover(副詞)、besides(前置詞・副詞)、what is more(副詞)
［類似］
　similarly(副詞)、likewise(副詞)

V2つめOKサインの例外ルール

お金を払うことで、セキュリティ検査（保安検査）に並ぶ長い待ち時間を減らすことができる空港のサービスは、テロなどの危険につながるという批判に対する航空会社の回答です。

The airlines reply that everyone is subjected to the same level of screening; only the wait varies by price. As long as everyone receives the same body scan, they maintain, a shorter wait in the security line is a convenience they should be free to sell. (名古屋市立大)

(1)下線部の主節のSVを答えましょう。

(2)下線部を訳しましょう。

英文解釈の基本的思考にも慣れてきたかな? 硬直した英語観を持つことなく、しなやかな心で英文を読み解いていこう。

Words and Phrases

be subjected to〜 〜を受ける　**screening** 名 検査

Clue

V2つめOKサインの例外ルールが用いられている。

解 答 と 解 説

(1)下線部の主節のＳＶを答えましょう。

㊐ S: a shorter wait　　　　V: is

　最初の As long as は従属接続詞で、ここでは「～でありさえすれば」とい
う意味で、**条件**を表します。<**As long as S'V'…>, SV～**という形を予測し
ておきましょう。読み進めてみるとカンマの後ろに they maintain と続きます。
これが主節のＳＶなのでしょう。

　いや、ちょっと待ってください！ they maintain の後ろにはカンマがあり、
そのカンマの後ろには a shorter wait(S) in the security line(M) is(V) と、
また SV があります！they maintain が主節のＳＶならば、a shorter wait(S) is
(V) の存在を許す**Ｖ２つめＯＫサイン**がなければなりませんが、見当たりませ
ん。

　Ｖの数を間違えてしまったのでしょうか？ **is** は現在形ですから必ずＶです。
maintain は見た目上、原形と現在形がありえますが、原形の使われ方の主な
可能性５つ（第19講参照）のどれにも当てはまりませんし、maintain が準動詞
なら主格の代名詞である they に対するＶがなくなってしまいます。Ｖの数を間
違えてしまったわけでもないようです。一体どう読めばいいのでしょうか？

　結論から言えば、**maintain** は現在形でＶになります。では**Ｖ２つめＯＫサイ
ンはどこにあるのかと言えば、ありません！ Ｖ２つめＯＫサインの例外ルール**
である「**SV挿入**」が使われています。

Ｖ２つめＯＫサインの例外ルール

> 以下の３つ場合、Ｖ２つめＯＫサインなしで２つめのＶを使えます。
> (1)**SV挿入**（次ページにまとめを作って詳しく説明します）
> (2)<**The 比較級S'V'～>, the 比較級SV…**（第54講参照）
> (3)**カンマが等位接続詞（andやbut）のように使われる**＊
> ＊カンマをＶ２つめＯＫサインとして用いるのは原則的にはルール違反です。他にどうしても読
> 　み方がない時だけ、(3)を考えるようにしましょう。英作文を書く際も、(3)を使ってはいけませ
> 　んよ。

SV挿入

SV that S'V'～を、**S', SV, V'～**（that節を使わない形）に書き換えることが
できます。この形を本書では「**SV挿入**」と呼びます。

基本形　SV［that S'V'～］

SV挿入　S', ＜ SV ＞, V'～ ←V2つめOKサインなしでSVを挿入する

＊訳する際は、基本形であるthat節を使った文に戻して訳すのがオススメです。

＊SVを挿入する位置は、常にS'とV'の間というわけではなく、「**真ん中らへん**」と考えましょう。

＊文頭に置く形＜SV＞, S'V'～や、文末に置く形S'V'～, ＜SV＞.もあります。

But one thing people need not worry about, ＜ it seems ＞,
is how intelligent they are.　　　　　　　　　（名古屋大）

しかし、ひとつ人々が心配する必要のないことは、彼らがどれだけ知能が
高いかであるように思われる。

＊元は、it seems that one thing～they are. という文があったと考える。ちなみにneedは助
動詞として使われています。

今回の文では、**元は They maintain that～**という文があったと考えます。
これでV2つめOKサインのルールをクリアする読み方が分かりました！

元の文　They maintain ［that ＜as long as everyone receives
　　　　　　S　　　　V　　　O 従接　　　　従接　　　　　　S'　　　　V'

the same body scan＞, a shorter wait in the security line is
　　　　O'　　　　　　　　　　S'　　　　　　　　　　　V'

a convenience (they should be free to sell)］.
　　C'　　　　　　　　S'　　　　　V'　　C'

名詞＋SV⇒関係詞省略

挿入の位置がSとVの間ではなく、MとSの間になっているのが、SV挿入に
気づきにくいポイントです。しかし、**V2つめOKサインのルールを守ろうとい
う姿勢を貫き、SV挿入の位置はざっくりと「真ん中らへん」と考えておくこと
ができれば大丈夫ですね！**

＜As long as everyone receives～＞, ＜they maintain＞,
M　　　　　　　　　　　　　　　　　　　　　　　SV挿入！

a shorter wait～
　　S

　ちなみに、SV挿入では関係詞の省略と考えてしまう間違いがよく見られます。今回の文で言えば、the same body scan と they maintain との間に関係詞が省略されていると考え、「彼らが維持する同じボディスキャン」と読んでしまう間違いです。関係詞を省略できるのは、「**関係詞を省略して先行詞の<u>直後に</u>SVが続く形になる時**」ですから、今回の文のようにカンマがあれば、つまり非制限用法では、関係詞を省略することはできません。

　⑵下線部を訳しましょう。

 全員が同じレベルの検査を受け、待ち時間だけが料金によって変わると航空会社は返答している。全員が同じボディスキャンを受けるのでありさえすれば、セキュリティ検査待ちの列での待ち時間が短くなることは、自分たちが自由に売ることができるべき便利さだと航空会社は主張している。

　maintainは that節を後ろにとると、「主張する」という意味になります。従属接続詞 that を目的語にとることができる動詞は基本的に、「思う」「言う」「分かる」といった意味の動詞に限られることを覚えておきましょう。

　a shorter waitの直訳は「より短い待ち時間」です。直訳でもかまわないでしょうが、比較級は「〜なる」と訳すと綺麗になることがよくあります。

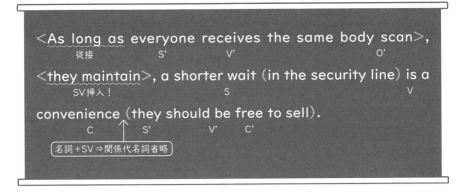

Code 23
V2つめ○Kサインの例外ルール①SV挿入を見抜け!
②the比較級構文 ③等位接続詞のようなカンマもある

"あの"単語の移動を見抜け!

Families choosing home schooling provide the close parental involvement <u>that</u> students need to succeed academically.

（名古屋大）

(1)下線部のthatについて適切なものを選びましょう。

① 従属接続詞のthatで名詞節を作る

② 従属接続詞のthatで副詞節を作る

③ 関係代名詞のthatで形容詞節を作る

④ ①から③に正解なし

(2)訳しましょう。

英文解釈は1日にして成らず。正しい読み方を習慣化するために、継続して取り組んでほしい。

Words and Phrases

home schooling 名 ホームスクーリング

Clue

(1)文構造と意味の両方が成立するように読もう。

解答と解説

(1)下線部のthatについて適切なものを選びましょう。

（答）③関係代名詞のthatで形容詞節を作る

　thatまでを読んでみると、FamiliesがS、provideがV、the close parental involvementがOですね。thatの後ろにはSV(students need to succeed～) が続いていますから、**このthatはV2つめOKサインのthatです。**

　V2つめOKサインのthatは主に、従属接続詞か関係代名詞でした。後ろに続く文を見て、必要な名詞（S・O・C・前置詞のO）が1つも欠けていない文（＝完全文）なら従属接続詞で、必要な名詞（S・O・C・前置詞のO）が1つ欠けた文（＝不完全文）なら関係代名詞でしたね（第20講参照）。ここで、関係代名詞の後ろはなぜ「不完全文」になるのか理解しておきましょう。

関係代名詞（whatを除く）の基本

作る節	節の中で何詞か	後ろの形
形容詞節	名詞（＝S・O・C・前置詞のO）＊同格と副詞的目的格にはならない	必要な名詞（S・O・C・前置詞のO）が1つ欠けた文（＝不完全文）

＊関係代名詞whatは名詞節を作る

関係代名詞節は［①先行詞と同じ名詞を関係代名詞にする→②関係代名詞を節の先頭に移動する］というプロセスで作ることができます。下の英文を使って説明しますね。

Nostalgia may act as a resource (that we can make use of
　　　　　　　　　　　先行詞　　　　　　O'　　S'　　　　V'
to connect to other people and events).

（青山学院大・文頭を大文字、文末をピリオドに改変）

ノスタルジアは他の人々や出来事とつながるために私たちが利用できる資源として機能するかもしれない。

この関係代名詞節が作られたプロセスは以下のようになります。

①We can make use of it(＝ a resource) to connect to～.
　S　　　　　V　　　　　O→先行詞と同じ名詞を関係代名詞thatに変える

節の先頭に移動！
② (that we can make use of to connect to～)
　　O'　S'　　　　　　　V'→thatの後ろはO'が足りない「不完全文」になる！

では、問題の解説に戻りますね。thatの後ろの文を見ていきます。students がS、need to succeedがVと読むと、**succeedは「成功する」という意味では自動詞**ですから、「**完全文**」となります。ということは、thatは従属接続詞になりますね。従属接続詞のthatは主に名詞節を作るのでした。訳は「生徒が学業で成功する必要があること」となります。

[**that** students <u>need to succeed</u> academically]
　従接　　　S'　　　　　　V'

　従属接続詞thatの作る名詞節はS・O・C・(前置詞のO)・同格のうちどれでしょうか？ Sにはなりませんし、provide O that〜という語法もありません。ということは同格になるはずですが、ここで**読み間違い**に気づくポイントが2つあります！ 1つは、involvement「関わり」は同格のthat節で説明できる名詞ではないということ(第20講参照)。2つめは、「生徒が学業で成功する必要があるという親の密接な関わり」という訳が変であることです。

　従属接続詞のthatでないとすれば、**関係代名詞のthat**にできるように読み方を変えられるか試してみましょう。どう読めば「**不完全文**」にできるでしょうか？

　ここで種明かしです。**need to succeedを1セットでVと読むのではなく、**needを「を必要とする」という意味の他動詞、to succeed〜をto不定詞の副詞用法で読むのです！ そうすることで、needのOがない「不完全文」になり、関係代名詞thatにOの役割を与えることができました！ 訳は、「**学業で成功するために生徒が必要とする親の密接な関わり**」となります。

(**that** students need < to succeed academically >)
　関代 O'　　S'　　　　　V'

元は以下の文がありました。
Students need it(= the close parental involvement) < to
　S　　　　V　　O

succeed academically > .

　今回の英文では、関係代名詞が節の先頭に移動したことで、**見た目上**need to do〜「〜する必要がある」になってしまっているのが難しいポイントです。しかし実は、このような「**なんちゃってneed to**」はよく使われる形です。他

に「なんちゃって have to」と「なんちゃって used to」にも注意しておきましょう。

関係代名詞節中の解釈に注意が必要な形　「なんちゃって」3つ

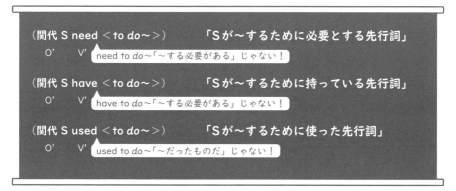

(2)訳しましょう。

㊜ ホームスクーリングを選ぶ家庭は、学業で成功するために生徒が必要とする親の密接な関わりを与える。

　上の直訳の日本語に違和感があるならば、「ホームスクーリングを選ぶ家庭では、学業で成功するために生徒が必要とする親の密接な関わりが与えられることになる。」と訳してもいいでしょう。

Families (choosing home schooling) provide the close
　　　　S 　　　　　　　　　　　　　　　　　　　　　V
parental involvement (that students need < to succeed
　　　　O 　　　　　　　　　O' 　　S' 　　　　　V'　　なんちゃって need to
academically >).

 Code 24　関係代名詞に節中でS・O・C・前置詞のOのどれかの役割を与え、どこから先頭に移動してきたのか見抜け!

幅広なwhere

> We find that we have reached the point (1)<u>where</u> technology — by increasing the food supply, security against wild animals, medical knowledge, and so on — has made it possible for us to multiply in an unlimited fashion, (2)<u>to consume</u> Earth's resources faster than they can be replaced, and to poison its soil, water, and air faster than they can be cleaned. （東北大・文頭を大文字に改変）

(1)下線部(1)のwhereについて適切なものを選びましょう。
①疑問副詞で名詞節（間接疑問文）を作る
②関係副詞で形容詞節を作る
③先行詞の省略された関係副詞で名詞節を作る
④従属接続詞で副詞節を作る

(2)下線部(2)to consumeはto不定詞の何詞用法ですか？
①名詞用法　　②形容詞用法　　③副詞用法

(3)訳しましょう。

> 長い１文で息切れしてしまいそうだね。カタマリを見抜いて、カタマリごとにクリアしていく意識で読もう。

Words and Phrases

multiply 動 増える　**soil** 名 土壌

Clue

(1)まずは何詞節になるはずかを考えてみよう。

解答と解説

(1)下線部(1)のwhereについて適切なものを選びましょう。

圏 ②関係副詞で形容詞節を作る

whereまでで、不足する名詞がない「完全文」になっていますから、where はMのカタマリを作るはずです。

We find [that we <u>have reached</u> the point where〜
　　S　　V　　O　　S'　　V'　　　　　　O'　〔Mのカタマリを作るはず〕

　Mになるのは原則、形容詞か副詞ですから、②関係副詞で形容詞節を作る か ④従属接続詞で副詞節を作るのどちらかになるはずです。関係副詞のwhere だとすれば、先行詞はplaceなど「場所」を表す名詞になるはずです。先行詞 になりそうなのは直前にあるthe pointですが、**the pointは関係副詞where の先行詞になることができるのでしょうか?**

　できるのです! 関係副詞のwhereはplaceやcountryなど、文字通り「場所」 を表す名詞以外にも、かなり幅広い意味の名詞を先行詞にすることが**できます!**

関係副詞whereの先行詞

関係副詞whereは、「場所」を表す名詞以外にもさまざまな意味の名詞を 先行詞にすることができる。situation「状況」、circumstances「状況」、 point「点」「時点」「段階」、case「場合」などが代表的なものだが、これ ら以外にもさまざまな名詞が先行詞となりうるので注意!

I'm so used to using language to communicate that I still use it in <u>circumstances where</u> communication is impossible.
（東京工業大）

私はコミュニケーションをとるために言葉を使うことにとても慣れているの で、コミュニケーションが不可能な状況でも変わらず言葉を使ってしまう。

Elephant numbers have increased up to <u>a point where</u> the survival of other life forms will be threatened in the near future.
（神戸大・文頭を大文字に改変）

近い将来に他の生物の生存が脅かされてしまうであろうほどに、象の数が 増えた。

＊to the[a] point where~「~ほど」「~まで」（直訳は「~する点まで」）はよく使われる表現です。覚えておきましょう。

Travel was, and still is, an industry where growth is everything, where common sense and logic seemingly play no part. (中央大)
旅行業は昔も、そして今も変わらず、成長がすべてであり、どうやら常識や論理の出る幕はない産業である。
＊industryが先行詞！

Most people are aware of the "winter blues," where tiredness, difficulty in getting out of bed and weight gain become common as autumn turns into winter. (九州大)
たいていの人は「冬季うつ」を知っている。「冬季うつ」では、秋から冬に変わるにつれて、疲労、ベッドから起き上がる辛さ、体重の増加がよく起こる。
＊"winter blues"が先行詞！

　pointは関係副詞whereの先行詞になる代表的な名詞のひとつですから、the[a] point whereという形を見たら、まず関係副詞のwhereと考えるようにしましょう。また、reach the[a] point where~「~段階に達する」はよく使われる形ですので、覚えておきましょう。

(2)下線部(2)to consumeはto不定詞の何詞用法ですか？
㊑　①名詞用法
　to multiply~とto consume~とto poison~が"A, B, and C"の形でつながれています。すべて、名詞用法で真目的語になります。

(3)訳しましょう。
㊑　科学技術が、食糧供給を増やしたり、野生動物に対する身の安全を強化したり、医療知識を増やすことなどによって、私たちが際限なく増え、再生できるより速いスピードで地球の資源を消費し、浄化できるより速いスピードで土壌、水、大気を汚染することを可能にしてしまった段階に私たちは達していることがわかる。
　in an unlimited fashionは「際限なく」と訳しました。fashionはin a~fashionという形で使われると「方法」という意味になります。in a~way [manner / fashion]「~な方法で」はまとめて覚えておきましょう。すると

「限界のない方法で増える」が直訳になりますが、少しおかしいですね。

　in a～way[manner / fashion] の訳が直訳で変になる時は、「～」に入る形容詞を副詞にして訳すというテクニックを覚えておきましょう。例えば、in a timely fashionは「タイミングのよい方法で」ではなく「タイミングよく」、in a positive fashionは「前向きな方法で」ではなく「前向きに」と訳すと綺麗になります。このテクニックを使って、unlimited「限界のない」を副詞にして「限界なく」とし、「限界なく増える」や「際限なく増える」と訳します。

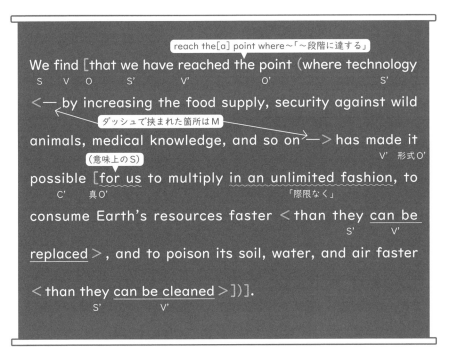

関係副詞whereの先行詞は「場所」だけではない!
reach the[a] point where～「～段階に達する」は定型表現として暗記!

関係詞の落とし穴

> We are entering a new food era, (1)<u>one</u> marked by higher food prices, rapidly growing numbers of hungry people, and an intensifying competition for land and water resources (2)<u>that</u> has now crossed national boundaries as food-importing countries try to buy or lease vast tracts of land in other countries.
>
> 　　　　　　　　　　　　　　　　　　　　（関西学院大）

(1)下線部(1)one は名詞ですね。役割は何ですか？

(2)下線部(2)の that は関係代名詞ですね。先行詞は何ですか？

(3)訳しましょう。

これも長い1文だ。細部に注意を払いながらカタマリを見抜き、そのカタマリがどう全体に組み込まれているのかを考えよう。落ち着いて、冷静に。

Words and Phrases

era 名 時代　**mark** 動 を特徴づける　**intensify** 動 激しくなる
lease 動 を賃借りする　**tract** 名 広がり

Clue

(2)動詞の活用形に注目

解 答 と 解 説

(1)下線部(1)oneは名詞ですね。役割は何ですか？

(答) 同格

"名詞,(the) one〜"はよく使われる同格の形でしたね（第3講参照）。

(2)下線部(2)のthatは関係代名詞ですね。先行詞は何ですか？

(答) an intensifying competition

　直前にあるland and water resourcesが先行詞であると答えてしまっていませんか？ **その場合、関係代名詞thatは複数名詞となりますから、hasではなくhaveになるはずです！**

　（×）<u>land and water resources</u>（that (×)has〜

　　　　　　先行詞　　　　　S'　　haveになるはず！

「筆者が書き間違っているのだろう」と考えるのではなく、「**自分が読み間違っているのだろう**」と考えて読み直すことが大切です。**hasと書かれている以上、先行詞は単数名詞とならなければなりません。**では先行詞は何でしょうか？ 探してみてください。

　さあ、種明かしです。an intensifying competition を**先行詞**にすると、単数形ですから、文法的に正しい読みになります。では、意味はどうでしょうか？ **「土地資源と水資源をめぐる、今や国境を越えた激化する競争」**となります。良さそうですね！

　先行詞と関係詞節が離れてしまうことは珍しくないのですが、機械的に直前の名詞を先行詞と考えてしまう間違いが多い事項です。今回の英文のように、**「形」（＝文法）から判断できる**こともあれば、**「意味」から判断するしかない**こともあります。

先行詞と関係詞節が離れるとき

訳す際は、可能ならば先行詞と関係詞節をくっつけて訳しましょう。
①「形」（＝文法）から判断できる文
The younger generation can be affected greatly by these media representations and form <u>an opinion</u> about certain people <u>that</u> is based upon images the media create.（北海道大）

若い世代はこれらのメディアの表現によって大きく影響を受け、ある特定の人々について、メディアが作り出すイメージに基づいた意見を形成することがある。

＊関係代名詞 that が S、is が V ですから、**先行詞は単数名詞**です。このことから、**先行詞は直前の certain people ではなく、an opinion** とわかります。

②「意味」から判断するしかない文

Because it would take more time than you can spend to call everyone in the city that owns a telephone, you call 100 people.

(神戸大)

その都市の電話を持っている人全員に電話をかけるには、費やすことができるより多くの時間がかかるだろうから、100人に電話をかける。

＊直前の the city が先行詞なら、「電話を持っているその都市」となり、意味がおかしいですね。everyone が先行詞で「電話を持っている全員」とします。

＊第4講、第17講の英文も参照してください。

⑶訳しましょう。

㊤［解答例①］

　私たちは新たな食の時代に突入しつつある。それは、高くなる食料価格、急速に増加する飢えた人々、そして食料輸入国が他国の広大な土地を購入または賃借りしようとしているので今や国境を越えた、土地資源と水資源をめぐる競争の激化によって特徴づけられる。

　関係詞と先行詞をくっつけるために、「土地資源と水資源をめぐる、食料輸入国が他国の広大な土地を購入または賃借りしようとしているので今や国境を越えた競争の激化」と訳すとさすがにわかりにくすぎるので、関係詞と先行詞をくっつけて訳すことは諦めました。

　［解答例②］

　私たちは新たな食の時代に突入しつつある。それは、高くなる食料価格、急速に増加する飢えた人々、そして土地資源と水資源をめぐる競争の激化によって特徴づけられる。その競争は、食料輸入国が他国の広大な土地を購入または賃借りしようとしているので、今や国境を越えたものとなっている。

　関係代名詞節の前で「。」で切って訳しています。関係代名詞節に限らず修飾語句が長い時は、その前で1回「。」で切って2文に分けて訳してもかまいません。

higher food prices は直訳をすると「より高い食料価格」となりますが、「より高い」というのは、「これまでより高くなる」ということで、**「変化」**を表します。比較級は「変化」を表すということから、「〜になる」と訳すと綺麗になることがよくあります。そこから、**「高くなる食料価格」**と訳しています。

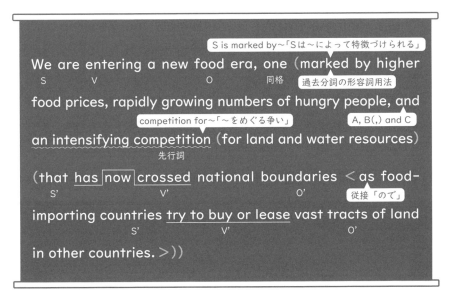

S is marked by〜「Sは〜によって特徴づけられる」

We are entering a new food era, one (marked by higher
S　　　V　　　　　O　　　同格　過去分詞の形容詞用法

food prices, rapidly growing numbers of hungry people, and
competition for〜「〜をめぐる争い」　　A, B(,) and C

an intensifying competition (for land and water resources)
先行詞

(that has now crossed national boundaries ＜ as food-
S'　　　V'　　　　　O'　　　従接「ので」

importing countries try to buy or lease vast tracts of land
S'　　V'　　　　　O'

in other countries. ＞))

Code 26

先行詞は直前とは限らない。「形」と「意味」をチェックせよ！

複雑な関係詞節の構造を見抜け!

The meaning of a text is not simply the meanings of words in combination. Readers have to apply their knowledge of the world to a text in order to develop an understanding of that text. However, readers also have to be able to infer meanings that are not explicitly stated, but which readers can agree are available, though hidden, in the text.　(名古屋大)

(1) which は関係代名詞です。節の中での役割は何でしょうか？
　①S　　②O　　③C　　④前置詞のO

(2) 下線部を訳しましょう。

文章の意味理解には、書かれている単語の意味以外のものも求められるという内容の英文だ。正しく読むことと向き合っていこう。

Words and Phrases

infer 動 を推測する　explicitly 副 明確に

Clue

(1)後ろに不足しているものは何だろうか？

解答と解説

(1) which は関係代名詞です。節の中での役割は何でしょうか？

答 ① S

　which の前の but は前にある関係代名詞 that 節と、後にある関係代名詞 which 節をつないでいます。先行詞は meanings です。

$$
\text{meanings} \begin{cases} (\text{that are not explicitly stated}) \\ (\text{which readers can agree}\sim) \end{cases}
$$
先行詞

　関係代名詞 which は形容詞節中で、S・O・C・前置詞の O のどれになるのか特定しましょう。直後に続く readers が S、can agree が V でしょうね。**そしてその直後に are が出てきました！ are は現在形の動詞ですから必ず V になります。are の S はどこでしょう？ また、are の存在を許す V2 つめ OK サインはどこにあるでしょうか？**

　さあ、ここで種明かしです。are の S は which です！ そして、are の存在を許す V2 つめ OK サインは、省略された従属接続詞 that になります！

従属接続詞 that 省略

(which readers can agree [are available~])
　S"　　　　S'　　　　V'　　　V"　　　C"

　従属接続詞 that 節中の S" が関係代名詞 which になり、節の先頭に移動したため、**S"V" が視覚上大きく離れてしまっているのが難しいポイントです。**このような関係代名詞は、連鎖関係代名詞と呼ばれます。

連鎖関係代名詞

従属接続詞 that 節の中の名詞が関係代名詞になり、that 節を飛び出し節の先頭に移動した結果、元の位置から大きく離れてしまう関係代名詞。
以下の英文は連鎖関係代名詞が 2 箇所出てきます。

We continue to find microbes living in places ((1)that we
　　　　　　　　　　　　　　　　　　　　　　　　　　　　　　S"　S'

従属接続詞 that 省略

didn't think [could support life]), and many of these
　V'　　　O'　　　V"　　　　O"

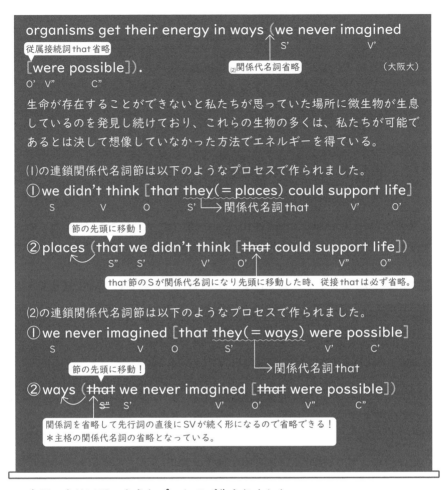

organisms get their energy in ways (we never imagined
　　　　　　　　　　　　　　　　　　　　　　　S'　　　　　V'
従属接続詞 that 省略
[were possible]).　　　　⑵関係代名詞省略　　　　　　　（大阪大）
O'　V"　　　C"

生命が存在することができないと私たちが思っていた場所に微生物が生息
しているのを発見し続けており、これらの生物の多くは、私たちが可能で
あるとは決して想像していなかった方法でエネルギーを得ている。

⑴の連鎖関係代名詞節は以下のようなプロセスで作られました。
① we didn't think [that they(= places) could support life]
　　S　　V　　　O　　　　S'└→関係代名詞 that　　　V'　　O'

節の先頭に移動！
② places (that we didn't think [that could support life])
　　　　　　S"　S'　　　　V'　　O'　　　　　V"　　O"
　　　that 節の S が関係代名詞になり先頭に移動した時、従接 that は必ず省略。

⑵の連鎖関係代名詞節は以下のようなプロセスで作られました。
① we never imagined [that they(= ways) were possible]
　　S　　　V　　O　　　　S'　　　　　V'　　C'
　　　　　　　　　　　　　　　　　　　└→関係代名詞 that

節の先頭に移動！
② ways (that we never imagined [that were possible])
　　　　S"　S'　　　　V'　　O'　　V"　　C"
　関係詞を省略して先行詞の直後に SV が続く形になるので省略できる！
　＊主格の関係代名詞の省略となっている。

今回の文は以下のようなプロセスで作られました。

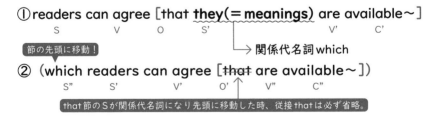

① readers can agree [that they(= meanings) are available〜]
　　S　　V　　O　　　　S'　　　　　　V'　　C'
節の先頭に移動！
　　　　　　　　　　　　　　　　└→関係代名詞 which
② (which readers can agree [that are available〜])
　　S"　　　S'　　V'　　O'　V"　　C"
　that 節の S が関係代名詞になり先頭に移動した時、従接 that は必ず省略。

　関係代名詞の「節の先頭に移動する」という特性は、英文解釈において非常
に厄介なものになりえます。連鎖関係代名詞であることに気づくためには、第
24講で学んだように、関係代名詞に節中でS・O・C・前置詞のOのどれかの
役割を与える姿勢を徹底することが大切です。関係代名詞を見たら、「何が不

足しているのだろうか?」と考えながら読むクセをつけましょう。

　さらにもうひとつポイントがあります。今回の名古屋大の英文 (readers can agree are) でも、説明で使った大阪大の英文 (we didn't think could support と we never imagined were) でも、連鎖関係代名詞の部分は見た目上 SVV という形になっていますね。これは連鎖関係代名詞に特徴的な形*です。SVV の形を見たら、「連鎖関係代名詞だ!」と気づくようにしておきましょう。

＊「連鎖関係代名詞なら必ず SVV という形になる」というわけではありません。従属接続詞 that 節の S が関係代名詞になった場合に限ります。

(2)下線部を訳しましょう。

🄐 文章の意味は、単に単語の意味を組み合わせたものではない。読み手は、ある文章の理解を深めるために、世界について自分が持っている知識をその文章に当てはめる必要がある。しかし、読み手はまた、明確には述べられていないが、隠れてはいるものの文章の中で読み取れると読み手が同意できる意味を推測できる必要もある。

　available は直訳すると「手に入れられる」や「利用できる」ですが、文章の内容から「読み取れる」と訳しています。

However, readers also have to be able to infer meanings
　　　　　　S　　　　　　　　　　　　　　　　　V　　　　　　　　O
　　　　　　　　　　　　　　　連鎖関係代名詞
(that are not explicitly stated), but (which readers can
　S'　 V'　　　　　　　　 V'　　　　　　　 S"　　　 S'
agree [are available, <though hidden>, in the text]).
　V'　O' V"　　　　 C"
　　　　　　they (= meanings) are 省略 （副詞節中の "S + be 動詞" 省略）

Code 27

関係代名詞に節中での役割を与え、連鎖関係代名詞を見抜け!
"SVV" という形もヒントになる

特殊な関係代名詞節

In rich countries, this is the leisure age. <u>Working hours are shorter and (1)|holidays| longer, (2)|and| never have so many people had so much time with which to have a good time.</u>

（同志社大）

(1)|holidays| は名詞ですね。役割は何ですか？

(2)|and| から後ろの文の主節の SV を答えましょう。

(3)波線部の構造を説明してください。

(4)2文め（Working hours～good time.）を訳しましょう。

大切なのは、ただ本書の英文が読めるようになることではない。本書の英文を正しく読むために必要なことを学んで、まだ見ぬ他の英文も読めるようになることなんだ。

Clue

(1)省略が起きている

解答と解説

(1) |holidays| は名詞ですね。役割は何ですか？

㊎ S

　まずは holidays longer を読んで、「この形は何だ？」と形への違和感が持てることが大切です。実はここでは holidays と longer の間に are が省略**されています。** 直前に出た語句と同じ語句を後ろで再び使う場合、繰り返しを避けるために後ろで省略することがあります。**特に等位接続詞の後ろは同一語句の繰り返しが生じやすく、省略の可能性が高まります。**「形」や「意味」の違和感から省略に気づき、「形」と「意味」を両立させて省略を補いましょう（第40講で詳しく扱います）。

$$
\begin{cases}
\text{Working hours are shorter} \\
\qquad\text{S}\qquad\quad\text{V}\qquad\text{C} \\
\text{holidays} \qquad\text{(are) longer} \\
\qquad\text{S}\qquad\qquad\text{V}\qquad\text{C}
\end{cases}
$$

(2) |and| から後ろの文の主節の SV を答えましょう。

㊎ S: so many people　　　V: have had

　否定の副詞 never が先頭部分に置かれたことで、疑問文の語順（倒置）になっていることが見抜けましたか？（第9講参照）

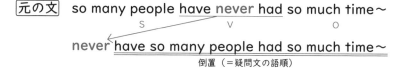

|元の文| so many people have never had so much time～
　　　　　　　　　 S　　　　　 V　　　　　　　 O

never have so many people had so much time～
倒置（＝疑問文の語順）

(3) 波線部の構造を説明してください。

㊎ "先行詞 前置詞 関係代名詞 to do～" という特殊な形が使われている。

　波線部の which が関係代名詞だとすると、関係代名詞節の中に V がないという異常な形になってしまいます。しかし、関係代名詞でないとすると、この which は何なのでしょうか？

　実はこれは、特殊な形の関係代名詞となります！ 関係代名詞の作る形容詞節は「節」ですから、**SV を含む形容詞のカタマリになるのが通常の形です。** しかし、**"先行詞 前置詞 関係代名詞 to do～" という SV を含まない特殊な形**が存在するのです！

特殊な関係代名詞の形

> ⌈形⌋ **先行詞（前置詞 関係代名詞 to *do*〜）**
> ＊関係代名詞のカタマリの中にSVがない！
> ＊to不定詞の形容詞用法と関係代名詞節が混ざり合ったような形です。
>
> Having no one (with whom to compare myself), I did not
> know for a long time whether I was better or worse than
> other boys. 　　　　　　　　　　　　（九州大・文末をピリオドに改変）
> 自分と比べられる相手がいなかったので、長い間、自分が他の男の子より
> 優れているのか劣っているのかわからなかった。
> ＊波線部を to 不定詞の形容詞用法を使って書くと **no one to compare myself with** となりま
> 　す。通常の関係代名詞節を使って書くと、**no one with whom I could compare myself** とな
> 　ります。ちょうどこの2つが混ざり合ったような形になっていますね。

今回の文の構造は以下のようになります。

so much time (with which to have a good time).
　　先行詞　　　　　　前　　関代　to　do

この特殊な関係代名詞の形は、難関大で出題されるレベルの英文では珍しい
とは言えない頻度で目にします。形を覚えておくことが大切です。

⑷2文め（Working hours〜good time.）を訳しましょう。

㊐ 豊かな国においては、現代は余暇の時代である。労働時間は短く、休日は
　長くなり、こんなに多くの人がこんなに多くの楽しむ時間を持つことは、
　今までになかった。

---

　　　　　　　　　　　　　　　　　　　are省略　　　　　否定の副詞先頭
Working hours are shorter and holidays longer, and never
　　　S　　　　　V　　　C　　　　　　S　　　　C
have so many people had so much time (with which to have
倒置　　　　　　　　S　　　V　　　　　O　　　　前　　関代　to　do〜
a good time).

"先行詞 前置詞 関係代名詞 to *do*〜" の形を見抜け！

126

「因果」の流れは丁寧に！

　前回、ディスコースマーカーなしで並べられた文と文の関係は、多くの場合、①同じ流れになると学びましたね。**ということは、**流れが変わる際には多くの場合ディスコースマーカーが置かれ、流れが変わったことをはっきりと教えてくれるということです。今回は②**「因果」の流れ**を作るディスコースマーカーについて学びましょう。まずは「因果」を表すディスコースマーカーのうち、代表的なものを以下にまとめておきます。

〔結果・結論〕
so(等位接続詞)、therefore(副詞)、as a result(副詞)、consequently(副詞)、thus(副詞)、in conclusion(副詞)、, so that(従属接続詞)

〔理由・原因〕
because(従属接続詞)、because of(前置詞)、due to(前置詞)、for(等位接続詞)、thanks to(前置詞)、for one thing(副詞)

　基本的に、「因果」の流れを示すディスコースマーカーを見たら、少しスピードを落とし、「丁寧モード」に切り替えるべき**です。**学術的文章の読解において、因果関係を正確に把握することは極めて重要で、記述式説明問題や内容一致問題など、設問で問われることが多くなります。少しスピードを落としてでも正確に把握しておくことで、**問題を解くのが速くなり、結果的にはより速く解き終える**ことができます。

　因果関係は上にまとめたディスコースマーカーだけでなく、無生物主語の文（第31講参照）や因果を表す動詞などで表されることもよくあります。以下に因果を表す動詞の代表的なものをまとめておきます。問題で出題されることもよくありますから、一通り知っておきましょう。

原因 V 結果
cause, contribute to, bring about, give rise to, lead to, result in, be responsible for, trigger, induce, produce, drive

結果 V 原因
result from, depend on, come from, stem from, be attributable to

V 結果 to 原因
attribute, ascribe, owe

先行詞はどこに？

> What we hold to be true is constantly open to being tested, which makes the truths that pass the test more reliable. The strength of empirical truth resides in the fact that it is always open to scrutiny, revision and rejection.
>
> （東北大）

(1)波線部の主節の SV を答えましょう。

(2)which は関係代名詞です。先行詞は何ですか？

(3)1 文目（What we〜more reliable.）を訳しましょう。

知識が曖昧だと気づいたら、自ら積極的に確認し復習してほしい。進みながら戻る、その積み重ねが知識の安定につながるんだ。

Words and Phrases

reliable 形 信頼できる　**empirical** 形 実証に基づく　**reside in〜** 〜にある
scrutiny 名 詳細な検査　**revision** 名 修正

Clue

(1)**What**がポイントだ。

解 答 と 解 説

(1)波線部の主節のSVを答えましょう。

㊙ S: What we hold to be true　　　　V: is

　文頭のWhatは①疑問詞で疑問文を作る ②疑問詞か関係代名詞で名詞節を作りSになる の2つの可能性があります。先に文末をチラ見してみると、"?"ではなく"."で終わっていますから、②であると判断します。疑問詞なら「何」「どんな」、関係代名詞なら「〜こと」「〜もの」という訳になります。ここでは関係代名詞のwhatで、「私たちが正しいとみなすもの」という訳になります（hold O to be C「OをCとみなす［考えている］」）。

　関係代名詞whatが作る名詞節がSになる形は頻繁に使われます。和訳問題で出題されることも多いので、文頭のWhatを見たら関係代名詞の可能性が浮かぶようにしておきましょう！

　普通の関係代名詞が形容詞節を作る一方、whatは名詞節を作る少し特殊な関係代名詞です。何が何詞節を作るのか、複雑になってきましたね。ここで主な名詞節を作るもの、形容詞節を作るもの、副詞節を作るものをそれぞれまとめておきます。文構造に自信を持って読むために覚えておきましょう。

主な名詞節を作るもの

①従属接続詞 that, if, whether　　②疑問詞（間接疑問文）
③関係代名詞 what　　④複合関係代名詞・複合関係形容詞
⑤先行詞の省略された関係副詞

主な形容詞節を作るもの

①関係代名詞（whatを除く）　　②関係副詞

主な副詞節を作るもの

①従属接続詞　　②複合関係詞（wh-ever）

(2) which は関係代名詞です。先行詞は何ですか？

(答) 直前の文（主節）の内容

　whichの先行詞を求めて前を探しても、先行詞になりそうな名詞が見つかりませんね。関係代名詞と関係副詞は前にある名詞を先行詞にしますが、**非制限用法のwhich（, which～）には、なんと「直前の文全体、または一部の内容を先行詞にできる」特殊な用法があります！**

非制限用法のwhich（, which～）の特殊な用法

非制限用法のwhich（, which～）は、直前の文全体、または一部の内容を先行詞にできる！

＊カンマで「、」か「。」で切って訳し下ろすようにしましょう。whichは「それ」「これ」と訳せばOKです。

＊カンマがピリオドになることもあります。

＊前の名詞を先行詞にする、普通の関係代名詞whichの可能性もあります。

以下の例文では波線部の内容が先行詞です。

That meant they would have had to get very close to those animals to kill them, **which** would have been really dangerous, not to mention difficult, without persistence hunting*.　　　　　　　　　　　　　　　　　　　（同志社大）

*persistence hunting 持久狩猟

それはつまり、彼らはそれらの動物を殺すためにとても近くに寄らなければならなかっただろうということだ。それは持久狩猟なしでは困難であったのは言うまでもなく、とても危険なものだっただろう。

It is also a poor conductor of heat, **which** is why you can stir hot soup with a wooden spoon without burning your hands.　　　　　　　　　　　　　　　　　　　　　（関西学院大）

それはまた熱の伝導率が低く、それゆえ、手を火傷することなく木製のスプーンで熱いスープをかき混ぜることができるのだ。

＊この用法のwhichは単数扱いになるので、isが使われています。

　", which is why～"「それゆえ～」はよく使われる形として覚えておきましょう。

(3) 1文目（What we〜more reliable.）を訳しましょう。

㊤ 私たちが正しいとみなすものは検証されることに常にさらされている。このことにより、その検証を通過した真理はより信頼できるものとなるのだ。実証に基づく真理の強みは、それが厳しい検証、修正、否定に常にさらされているという事実にある。

　open to being testedの部分を直訳すると「検証されることに開いている」です（openは形容詞）。工夫をして、「検証されることにさらされている」と訳しました。

　which節は**無生物主語の文**になっているので、whichを**「このことにより」**と**「原因」**として訳しました。**直前の文全体、または一部の内容を先行詞にする，whichは、因果関係を表すことがよくあります**（第11講の英文も似たような形になっていますね）。

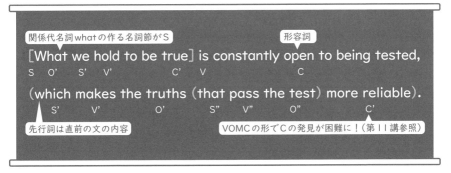

非制限用法のwhich（, which〜）は、直前の文全体、
または一部の内容を先行詞にできる!

whateverの特殊ルール

Our younger selves feel that time moves slowly, whereas, with advancing years, time seems to fly at an ever-quickening pace. And late in life, or when a person is faced with a terminal illness (1)<u>no matter what their age</u>, the sense of a finite amount of time (2)<u>remaining</u> becomes acute, and there may be a renewed focus on making the most of one's allotted time in life.

(大阪大)

(1)下線部(1)のno matter whatはwhateverに書き換えられますから、「節」を作るはずですが、S'V'が見当たりませんね。どう読めばよいでしょうか?

(2)下線部(2)remainingは以下のうちのどれでしょうか?
　　①進行形　　②動名詞　　③現在分詞の形容詞用法
　　④分詞構文　⑤知覚・使役動詞のC

(3)訳しましょう。

Chapter1ラストだ! タフな英文が続く中、よく頑張ってきたね! 何事もはじめるのは簡単だが、続けることは難しいものなんだ。Chapter2も引き続き頑張ろう!

Words and Phrases

selves（名詞selfの複数形） 自分　**terminal** 形 末期の　**finite** 形 限られた
make the most of〜 〜を最大限に活用する　**allot** 動 を割り当てる

Clue

⑵文構造と意味の両方が成立するように読もう

解 答 と 解 説

(1)下線部(1)の no matter what は whatever に書き換えられますから、「節」を作るはずですが、S'V'が見当たりませんね。どう読めばよいでしょうか?

㊁ be動詞（is）が省略されている

　no matter what は複合関係詞 whatever に書き換えられます。**「複合関係詞」とは "wh-+ever"** のことで、**複合関係代名詞**（関係代名詞［疑問代名詞］＋ever）、**複合関係形容詞**（関係形容詞［疑問形容詞］＋ever）、**複合関係副詞**（関係副詞［疑問副詞］＋ever）をまとめた用語です。基本ルールをまとめておきますね。

複合関係詞の基本ルール

		作る節	節の中で何詞か
複合関係代名詞	whoever whichever whatever	名詞節か副詞節	名詞 （＝S・O・C・前置詞のO）
複合関係形容詞	whatever whichever	名詞節か副詞節	形容詞で直後の名詞を修飾
複合関係副詞	whenever wherever however	副詞節	副詞（＝M）

＊用語は「複合関係詞」ですが、**どちらかというと疑問詞に似ている**と考えると、訳や使い方（"複合関係形容詞＋名詞"や"however＋形容詞/副詞 SV～"など）が理解しやすいのでオススメです。

＊譲歩「たとえ～でも」を表す副詞節は、**"no matter + wh-"の形に書き換えることができます。**

　whatever は複合関係代名詞か複合関係形容詞で、名詞節か副詞節を作ることになりますが、今回の文では no matter を使って書いてくれているので副詞節であるとわかります。さらに、直後には所有格 their がついた名詞 age が続いていますので、what が形容詞として修飾することはできません（"形容詞 所有格 名詞"という形で、形容詞が所有格の後ろにある名詞を修飾することは原則できません。× pretty her daughter）。よって、複合関係代名詞 whatever の書き換え形であるとわかります。

　複合関係代名詞であるということは、節の中で名詞、つまりS・O・C・前置詞のOのどれかになるはずですが、どれになるのでしょうか? さらに、no matter what の作る副詞「節」のVはどこにあるのでしょうか?

実はここでは、Vは書かれていません！ 複合関係詞節では多くの人が苦手とする、省略が起きることがあるので注意が必要です！

複合関係詞節における省略

(1)副詞節中で"S＋be動詞"が省略されることがある（第5講参照）
(2)副詞節を作るwhateverが節の中でbe動詞のCになる時、be動詞が省略されることがある（まるでwhateverが前置詞のように使われる）
＊(1)は第5講で学んだもので、複合関係詞節に特有のものではありません。一方(2)は、whateverに特有の省略現象です。

The availability of too many options leaves us inherently unsatisfied, ＜ no matter what decision we make ＞ and ＜ whatever its outcome ＞ . ──→ ＝複合関係形容詞 whatever

（同志社大・文頭を大文字に改変）

あまりに多すぎる選択肢が利用できることで、たとえどんな決断をしようとも、そしてその結果がどのようなものであろうとも、私たちは本質的に満足感が得られないままになってしまう。
＊outcomeの後ろにisが省略されています。見た目上、まるでwhateverが前置詞のように使われています。

whatが省略された"no matter 名詞"という表現もあります。
By age three, most children are eating a diet similar to their parents', ＜ no matter the culture ＞ .

（関西学院大・文頭を大文字に改変）

3歳までに、文化にかかわらず、ほとんどの子どもは親と似た食事をとっている。
＊「～にかかわらず」という訳語も覚えておきましょう。

今回の文は(2)の省略が起き、their ageの後ろにisが省略されていると考えます。見た目上、まるでno matter whatが前置詞のように使われています。

意味をとるだけなら「ノリ」でいけるかもしれませんが、できるだけ根拠を持って読みたいものです。特に受験生の誤読の原因として「**自分が読みたいように勝手に省略を補う**」ケースが非常に多いので、**省略のルールはできるだけ正確に覚えておきましょう。**

⑵下線部⑵remainingは以下のうちのどれでしょうか？

㊙ ②動名詞

　a finite amount of timeが意味上の主語です。直訳は「**限られた量の時間が残っているという感覚**」です（**第Ⅰ文型のremain**は「**残っている**」）。「限られた時間しか残っていないという感覚」と訳すと綺麗ですね。

⑶訳しましょう。

㊙ 若い時は時間がゆっくり進んでいると感じるが、加齢とともに、速度が上がり続け、時間が飛ぶように過ぎていくように思われる。そして人生の晩年、あるいは年齢にかかわらず末期の病気に直面している時、限られた時間しか残っていないという感覚が強くなり、自分に割り当てられた人生の時間を最大限活用することに、新たに集中するかもしれない。

　at an ever-quickening paceは直訳すると「常に速くなり続ける速度で」です。「年をとればとるほど時間が飛ぶように過ぎていくように思われ、その速度は上がる一方である」ということを意味します。

Our younger selves feel [that time moves slowly], < whereas,
　　　S　　　　　　V　　O　　　S'　　　V'　　　　　　　　　　従接
< with advancing years > , time seems to fly at an ever-
　　　　　　　　　　　　　　S'　　 V'　　　「常に」「絶えず」
quickening pace > . And < late in life > , or < when a person
　　　　　　　　　　　　　　　　　　　　　　　　　　　　　　S'
be faced with～「～に直面している」
is faced with a terminal illness < no matter what their age >>,
　V'　　　　　　O'　　　　　「年齢にかかわらず」　　　is省略
the sense (of [a finite amount of time remaining]) becomes
　　S　　　　　（意味上のS）　　　　名|(ing)　　　　　V
acute, and there may be a renewed focus on making the most
　　C　　　　　　V　　　　　　S　　make the most of～
　　　　　　　　　　　　　　　　　「～を最大限に活用する」
of one's allotted time in life.

---

 whatever節（副詞節）では、be動詞が省略されることがある！
見た目上、まるでwhateverが前置詞のように使われる

135

「逆」の流れも要注意!

　今回は③「逆」の流れを作るディスコースマーカーについて学びましょう。

＊ディスコースマーカーなしで並べられた文と文の関係が「逆」になることもまれにあります。逆の流れになったと明らかにわかるだろうと筆者が思う時は、butなど「逆」を表すディスコースマーカーを置くまでもないと判断され、省略されてしまうので要注意です。

　「逆」を表すディスコースマーカーの代表的なものをまとめておきます。

[逆接]　but(等位接続詞)、however(副詞)、nevertheless(副詞)、yet(等位接続詞)、
　　　　nonetheless(副詞)、even so(副詞)、though(従属接続詞・副詞)

[対比]　on the other hand(副詞)、while(従属接続詞)、in contrast(副詞)、
　　　　whereas(従属接続詞)

　基本的に、「逆」の流れを示すディスコースマーカーを見たら、スピードを落とし、「丁寧モード」に切り替えるべきです。流れが変わるわけですし、一般的に、「逆」を示すディスコースマーカーの後ろには重要度の高い内容が書かれていることが多いからです。メリハリをつけ、**必要な時にはスピードを落として丁寧に読むことで、本文の理解が深まり、結局は速く理解できます。**

　逆の流れを予告する表現もあります。at first, at first glance は覚えておきましょう。これらの後では、「逆」を示すディスコースマーカーが出現することが非常に多くなります。さらに、**「譲歩→逆接→主張」という展開もよく用いられる形で、「譲歩」を見たら、「逆」のディスコースマーカーの出現を予測しておくと、確認モードで速く読めます。**「譲歩」を示す代表的な表現としては、of course、it is true that（第56講参照）などがあります。

　「逆」を示すディスコースマーカーは、**わからないところの推測**にも役立ちます。例えばAとBという2つの文があり、A. However, B. というふうにHoweverが置かれているとしましょう。Aを読んでよくわからないならば、Bに進んでみましょう。**Bの内容がつかめれば、AはBとは逆の流れの内容である可能性が高いと推測ができます。**Aで立ち止まる時間を節約できるので、速読力アップにつながります!

Chapter **2**

和訳で満点をねらえ!
合格への
Practical Codes

Chapter 2 では、Chapter 1 で築いた基礎の上にさらに力を積み上げていき、難関大レベルの英文解釈力の完成を目指します。過去 20 年間の問題を徹底的に分析した上で、圧倒的に出題頻度の高いポイントを扱った英文を精選していますから、難関大でねらわれるポイント集としても使えます。Chapter 2 を終え、積み上げた大きなピラミッドの頂点からあたりを見渡した時、見えるようになった景色の広さと豊かさに、きっと驚くと思います。

無生物主語の文に隠れているモノ

> The spoken word is older than our species, and <u>the instinct for language allows children to engage in articulate conversation</u> years before they enter a schoolhouse.
>
> （大阪大）

(1)下線部を直訳すると、「言語の本能が、子どもが明瞭な会話をすることを許す」となりますが、少し工夫をすると、より自然な日本語になります。どのように工夫したらよいですか？

(2)全文を訳しましょう。

意味のはっきりとした日本語に訳すポイントを知っておくことで、英文の理解度が格段に上がるんだ。

Words and Phrases

instinct 名 本能　**engage in〜** 〜を行う　**articulate** 形 はっきりとした
schoolhouse 名 校舎

Clue

無生物主語の文には、ある論理関係が潜むことが多い。

解答と解説

(1)下線部を直訳すると、「言語の本能が、子どもが明瞭な会話を行うことを許す」となりますが、少し工夫をすると、より自然な日本語になります。どのように工夫したらよいですか？

答 無生物主語の文であることに着目し、主語を「原因」として副詞的に訳す。「言語の本能があるおかげで、子どもははっきりとした会話を行うことができる」

　英語の無生物主語の文をそのまま直訳すると、**不自然な日本語になってしまうことがあります。**そのような場合には、「**因果関係**」が隠れていることに着目すると、綺麗に訳せることがよくあります。

無生物主語の文の訳出

"**無生物主語 Ｖ Ｏ〜**"という形では、「**無生物主語が原因となって、Ｏは[が]〜**」という**因果関係**が隠れていることが多い。訳出の工夫に自信がない人は、以下の３ステップで訳すとうまくいくことが多いですよ。

> **無生物主語の文の訳出３ステップ**
> ①無生物主語を原因として訳す。「〜により」「〜によって」「〜で」「〜すれば」などと訳すとよい。明らかに良いことであれば、「〜のおかげで」、悪いことであれば「〜のせいで」と訳すと、よりはっきりとわかりやすい訳にできる。
> ②Ｏを主語にして、「Ｏは[が]」と訳す。
> ③他動詞を自動詞や受動態のように訳す。

以下の日本語訳の数字は３ステップに対応します。

Its simplicity clarified his thinking and allowed him to
無生物S　　　　　Ｖ　　　　　Ｏ　　　　　Ｖ　　　Ｏ
isolate the key points of good experimental design and
good statistical analysis.　　　　　（同志社大・文頭を大文字に改変）

①その単純さのおかげで、②彼の思考は③明確になり、②彼は優れた実験計画と優れた統計分析の重要なポイントを発見することが③できた。

＊enableやallowは良いことを表すのが普通で、「〜できる」と訳すと綺麗になります。

今回の文は、前ページの同志社大の英文のように、"無生物主語 allow O to do〜"の形で書かれています。「言語の本能があるおかげで、子どもは明瞭な会話をすることができる」と訳すと、自然で綺麗な日本語になります。

　無生物主語の文で使う動詞はさまざまですが、難関大の和訳問題では特にallowとmakeの出題が多くなっています。makeについては、第11講と第29講の英文で扱いましたので、参照してください。

⑵全文を訳しましょう。

 話し言葉は私たち人類より古く、言語の本能があるおかげで、学校に入学する数年前に、子どもははっきりとした会話を行うことができる。

　our speciesは直訳通り「私たちの種」でもかまいませんが、要は「人類」ということです。

「話し言葉は私たち人類より古い」というのは、「話し言葉は私たち人類より古くから存在している」という意味です。

　yearsは**副詞的目的格**（第3講参照）で、before節を修飾しています。

The spoken word is older than our species, and the instinct
　　　　　　　S　　　V　　　　C　　　　　　engage in〜「〜を行う」　　　　　　　S（無生物）
for language allows children to engage in articulate
　　　　　　　V　　　　　　O
conversation years ＜ before they enter a schoolhouse ＞ .
　　　　　　　副詞的目的格　　　　　　　　S'　　　V'　　　　　　　O'

Code 31
無生物主語の文は「無生物主語が原因となって、
Oは［が］〜」という因果関係が表されていることが多い

始まりよければすべてよし!

　今回は文章全体の中で第1、第2パラグラフが果たす役割について説明します。「終わりよければすべてよし」という言葉がありますが、英語長文を読む際は、「始まりよければすべてよし!」です。

　文章の最初と最後の方、大切なことが書いてある可能性が高いのはどちらでしょうか? 私の指導経験では、「最後の方」と答える生徒が多数派です。しかし、正しい答えは「最初の方」です!

　「だが実は○○なのだ!」と、最後の方でそれまでの内容がひっくり返されそうで、不安で恐る恐る読み進める。気づいたら時間がなくなり、仕方なくスピードを上げる。そんな時間制限に支配された「速読」に陥っていませんか? **文章の基本構成を知れば、その不安を和らげることができます。**

　難関大の英語長文では、学術的な文章やニュース記事の出題が多くなります。そのような文章では、第1パラグラフや第2パラグラフで、英文のテーマや主張を明らかにしてくれる書き方が多いのです。文章の最初の時点で、最終ゴール地点を僕たち読者に共有してくれるのです。「途中で迷子になりそうな時があるかもしれないけど、ゴールを見失わないで読んでね」と教えてくれているわけです。

　第1パラグラフや第2パラグラフはスピードを上げて読む箇所ではなく、丁寧に、大事に読むべき箇所です。ここでテーマや主張をつかめたら、ゴールがわかり、この文章が進む道筋が見えた状態です。スピードを上げて読み進めましょう。メリハリをつけて読むことで、速さと正確さを両立できます。

　スピードを上げる前に、把握できたテーマや主張をメモしておきましょう。特に、あるものごとに対してプラスなのかマイナスなのかをつかめると、その後の読解がとても楽になります。英語長文では、かなり高い確率でよくわからない箇所に出会うことになります。辞書がないのですから仕方ありません。そんな時は、最初につかんだテーマや主張を確認し、自分が「同じ」流れのところを読んでいるのか、「逆」の流れのところを読んでいるのかを、ディスコースマーカーをヒントに把握して、内容を推測することが大切です。

名詞構文でやるべきこと

> <u>Some people</u> still persist in a view of the natural world and its inhabitants as having no other value than to serve humans as tools, objects, and resources.
>
> （大阪大）

(1)下線部を「何人かの人々」と訳すのは不適切です。ではどのように訳すべきですか？

(2)訳しましょう。

> ［英語→日本語］ではなく、［英語→書いていることを理解→日本語］というプロセスを意識してほしい。読みの苦しみと向き合うことで得られる悔しさや喜びが、英文解釈力向上のカギだ。

Words and Phrases

persist in〜 〜に固執する　　**inhabitant** 名生息動物

Clue

(2)ある名詞を動詞に書き換えて読むと……

解 答 と 解 説

(1)下線部を「何人かの人々」と訳すのは不適切です。ではどのように訳すべきですか?

㊙「〜する人もいる」

主語の位置のSomeの訳出には注意が必要です。

主語の位置のSome〜

"Some〜 V…" は「(中には)…する〜もいる [ある]」や「一部の〜は…する」と訳します。この時のSomeは **「全体の中で一定の割合を占める数[量]」** を意味します。
Some studies address the teaching of undergraduate mathematics, but those are relatively few.　　　(京都大)
大学の学部レベルの数学教育に取り組む研究もあるが、それらは比較的少ない。
＊addressは動詞で「に取り組む」という意味。

Some peopleは「人々全体の中で一定の割合を占める数の人々が」という意味です。この意味を表すのに、「何人かの人々」では少なすぎますね。「〜する人もいる」と訳しましょう。

(2)訳しましょう。

㊙ 自然界とそこに住む生物を、道具、物、資源として人間の役に立つこと以外には価値を持たないとみなすことにいまだに固執している人もいる。

　直訳をすると、「道具、物、資源として人間の役に立つこと以外には価値を持たないこととしての自然界とそこに住む生物の見方」となります。自分でも **言っていることがはっきりわからない日本語** ではないでしょうか?

　このように直訳をするとわかりづらい日本語になってしまう時は、名詞構文を適切に処理できていないことが原因である場合が多々あります!

　次ページのまとめで名詞構文について学びましょう!

名詞構文

動詞や形容詞の代わりにその名詞形を使って表現したものを名詞構文という。直訳をすると意味がはっきりしないことがある。動詞や形容詞を使った形に書き換えて訳を作ると、意味のはっきりした綺麗な日本語になる。

The French government became so frustrated by the refusal of ordinary people to use the new system that they sent officials to markets to compel citizens to do so.　　（中央大）

フランス政府は一般の人々が新しいシステムを使うのを拒んだことにとても苛立ちを覚えたので、国民に新しいシステムを使うことを強制するために市場に役人を送り込んだ。

＊波線部が名詞構文。名詞のrefusalを動詞のrefuseにし、全体でordinary people refused to use the new systemという文に書き換え訳す。動詞や形容詞を使った文のSは、名詞構文では所有格、of、byを使って表すことが多い。

The relative unimportance of the willpower challenges allowed participants to exercise the muscle of self-control without the internal stress that makes attempts to change difficult.　　（神戸大）

意志力課題が比較的ささいなものであったおかげで、参加者たちは、変わろうとする試みを困難なものにしてしまう内面のストレスなく、自制心の筋肉を鍛えることができた。

＊波線部が名詞構文。名詞のunimportanceを形容詞のunimportantにし、全体でthe willpower challenges were relatively unimportantという文に書き換え訳す。Sだったthe willpower challengesは、名詞構文ではofをつけて表されている。

では本文の解説に戻りましょう。実は本文のどこかが名詞構文になっており、そのせいではっきりしない日本語になってしまっているのです！ どこが名詞構文でしょうか？

さあ、種明かしです。a view of the natural world and its inhabitants as having no other value〜の部分が名詞構文なのです！ 名詞のviewを動詞のviewにし、全体で以下のように書き換えると意味がはっきりします！

view <u>the natural world and its inhabitants</u> [as] [having no

V   O   C

view O as C「OをCとみなす」

other value～

＊動詞を使った文のOは、名詞構文ではofをつけて表すことが多い。

こう書き換えると、訳は「自然界とそこに住む生物を、道具、物、資源として人間の役に立つこと以外には価値を持たないとみなす」となります。とてもはっきりした訳になりましたね！

名詞構文のせいで書いていることをはっきりつかめず、和訳問題はもちろん、内容一致問題などでも間違いにつながることがよくあります。多くの人が想像する以上に高い頻度で名詞構文は使われますから、英語を読む時には注意しましょう！

「～する人もいる」   view O [as] C「OをCとみなす」の名詞構文

Some people still persist in a view of the natural world and

S   V

serve O as～「～としてOの役に立つ」

its inhabitants [as] [having no other value than to serve

other A than B「B以外のA」

humans as tools, objects, and resources].

名詞構文を見抜き、動詞や形容詞に書き換えて訳す！

名詞構文に潜むものを見抜け!

> The fascination with the Information Technology revolution, represented by the internet, has made some rich countries wrongly conclude that making things is so 'yesterday' that they should try to live on ideas.
>
> （中央大）

(1)訳しましょう。

「語頭を大文字にしてInternetと書かなくていいの?」と思ったかもしれないね。近年の英語では、小文字でinternetと書くことが増えているぞ。

Words and Phrases

live on〜 〜から収入を得る

Clue

名詞構文を動詞に書き換える時、時制と態（能動態か受動態か）にも注意。

解 答 と 解 説

(1)訳しましょう。

㊙ インターネットに代表されるIT革命に魅了されてしまったせいで、一部の裕福な国は、物を作ることはあまりに「時代遅れ」なので、アイディアから収入を得ようとするべきであるという誤った結論を出してしまっている。

　ポイントは2つあります。1つめは"無生物主語 make O do〜"の形になっていることです（doに当たるのがconclude）。このmakeは使役動詞のmakeです。**使役動詞のmake**は「**（強制的に）〜させる**」という意味だけでなく、無生物主語の文で、「強制」の意味を持たず、ただ因果関係を表す使い方もあります。よく使う形ですから覚えておきましょう。ここでは悪い結果につながっていますから、**「〜のせいで」**と訳しています。

　2つめのポイントは、The fascination with the Information Technology revolutionの部分です。そのまま訳すと「IT革命に対する魅了」のような感じでしょうか？ よくわかりません。ここで気づくべきなのは、**fascinationは動詞fascinate「魅了する」の名詞形だということです。つまり名詞構文なのです！** そこで**動詞に書き換えて訳してみると**、「IT革命に魅了する」となります。これもいまいちよくわかりませんね。

　実は名詞構文を動詞に書き換えて訳す時、能動態だけでなく受動態になることもあります！ ここでは、is fascinated **with the Information Technology revolution**「IT革命に魅了される」と解釈すると、よく意味がわかりますね（S is fascinated with〜「Sは〜に魅了される」のfascinatedは辞書では形容詞ですが、もちろん元は受動態です）。**fascination with〜は「〜に魅了される（こと）」**という受動の意味の名詞構文でよく使われますので覚えておきましょう。

　さらに、**exposure to〜「〜にさらされる（こと）」**もよく使われますから覚えておきましょう。

exposure to～「～にさらされる（こと）」

Loud spaces tend to impact concentration and productivity, but long-term <u>exposure to</u> even low-level background noise can raise stress hormone levels, leading to health problems. （京都府立大・文末をピリオドに改変）

うるさい場所は集中力と生産性に影響を与える傾向にあるが、低いレベルの背景騒音であっても長期的にさらされることで、ストレスホルモンのレベルが上昇し、健康問題につながりうる。

---

is fascinated with～「～に魅了される」の名詞構文

The fascination with the Information Technology revolution,
S（無生物）

(represented by the internet), has made some rich countries

過去分詞の形容詞用法　　　　　　　　　　　　　V（使役）　　　　　　　O

wrongly conclude [that [making things] is so 'yesterday'
C |（原形）（O）　　S' 動名詞　　　　V'　　　　C'

<[that] they should try to live on ideas>].
S'　　　　　　　V' live on～「～から収入を得る」

Code 33　　名詞構文を動詞に書き換える時は受動態になることもある！

背景知識を使いこなせ!

　速読の力をつけるうえで、背景知識は非常に強力な武器になります。内容を知っている英文ならば、読む前から書いてあることを知っているわけですから、すべて確認モードで読むことができるわけです。これまで、「英語力」(語彙力や文構造把握力) が高くないのに、英語がよく読める学習者に何度か出会ってきました。彼ら彼女らと話をしてみると、物知りな人が多く、背景知識で読めていることが多いのです。「知ってるから読める」は一見邪道のように聞こえますが、立派な実力です。

　ひとつ例をあげましょう。**Marshmallow Test [Experiment]** は大阪大、早稲田大、関西大などで出題されているテーマです。皆さんはご存じでしょうか?

「マシュマロ実験」は 1960 年代に行われた、子どもの自制心とその後の人生における成功との関係についての有名な実験です。**日本語でも良いので背景知識を知っていれば、英文で出題された時、速く正確に読めますよ!**

<マシュマロ実験の概要>

　4 歳の子どもがマシュマロを目の前に座らされ、今すぐ食べるなら I つだけ、実験者が部屋を出て戻ってくるまで食べるのを我慢していられたら 2 つマシュマロを食べることができると言われます。もちろん多くの子どもが待つことを選択するのですが、待ちきれずに食べてしまう子どももたくさんいました。マシュマロを食べることを我慢できた子どもは自制心(self-control)に優れており、我慢できなかった子どもたちと比べて、その後の学業成績が良く、より成功したことがわかりました。

*マシュマロ実験からわかったことは現在では否定されている部分もあるそうです。マシュマロ実験
　を否定する内容の出題もありえるでしょう。

　このような背景知識をできるだけ多く蓄えるためにはどうしたらいいでしょうか? ①読書の習慣をつけることが最も有効です。物知りな人は習慣的に読書を楽しんでいる人が多いですよ。②英語長文を読む量を増やして、いろいろな英文を読むことも単純ですが有効です。③重要な背景知識を紹介した参考書を使用するのもいいでしょう。皆さんはぜひ「高い英語力」と「豊かな背景知識」の両立を目指してくださいね!

等位接続詞がつなぐのは？ ①

> The auto industry already <u>has</u> proven and affordable solutions to cure drivers of their addiction to fossil fuels.
>
> （慶應義塾大）

(1)下線部のhasについて適切なものを選びましょう。
　①現在完了を作るhas
　②動詞のhas

(2)訳しましょう。

> 慶應大で出題された英文だが、求められているのは基礎の徹底だ。英語の成績を上げるためには、基礎を徹底しよう!

Words and Phrases

auto industry 名自動車産業　**affordable** 形手ごろな価格の
cure A of B AのBを取り除く　**addiction** 名依存

Clue

(1)andがポイントだ。

解答と解説

(1)下線部のhasについて適切なものを選びましょう。

㊂ ②動詞のhas

　①「現在完了を作るhas」を選んだ人は、後ろの過去分詞形provenと1セットで現在完了になると考えたのでしょう。しかし、文構造のルールからそう読んではならないのです！ **ポイントは後ろに続くandです。**

　andは等位接続詞ですから、「文法的に対等なものどうしをつなぐ」のが基本ルールです。簡単なようで、実は間違いが非常に多いポイントで、和訳問題での最頻出事項です。等位接続詞がつなぐものを発見するための基本フォームを覚えておきましょう。

等位接続詞がつなぐものの発見　基本フォーム

①等位接続詞の後ろを見る
②等位接続詞の前に文法的に対等な部分を探す（「形」のチェック）
③意味が適切になるかを確認する（「意味」のチェック）
＊「形」と「意味」の両方をチェックする！

　まずandの後ろを見ると、名詞affordable solutionsがあります。次にandの前の部分に文法的に対等になる部分、つまり名詞を探すと、SであるThe auto industryしかありません。こう考えると、このandはSV〜とSV〜をつないでいることになるわけですが、affordable solutionsに対するVがありませんね。これは、等位接続詞がつなぐものの判断を間違えてしまったことが原因です！ 考え直すことにしましょう！

（×）The auto industry already has proven ｜and｜ affordable
　　　　　 S　　　　　　　　 V
solutions〜
　 S

　今度は、**形容詞affordableだけで考えてみましょう。**andの前に形容詞はあるでしょうか？ ……provenがあります！ provenはprove「証明する」の**過去分詞形ですから、過去分詞の形容詞用法で使われていると考えればよいのです**（辞書を引いてみると、provenは形容詞で「証明された」という意味であると載っ

ています。覚えておきましょう）。

　こう考えると proven は形容詞ですから、前の has と1セットになり現在完了を作ることはできません。**has は「持っている」という意味の動詞になります。**それでは意味をチェックしてみましょう。

The auto industry already has <u>proven</u> and <u>affordable</u>
　　　　　　　　　　　　S　　　　　　V　　形容詞　　　　　　形容詞

solutions～
　　　O

自動車産業はすでに、証明された手ごろな価格の解決策を持っている

「証明された」というのは「効果が証明された」ということでしょう。意味も適切ですね！

　今回の英文は already がついていることもあって、気を抜いて読んでしまうと現在完了と間違えてしまう可能性が高い英文です。等位接続詞がポイントとなる出題は本当に多く、解釈を間違う答案を何度も目にしてきました。**最初はゆっくりで問題ありません。「形」と「意味」の両方が成立するように、等位接続詞がつなぐものを正確に把握する練習を重ねていきましょう！**

⑵訳しましょう。
�答 自動車産業はすでに、効果が証明され費用も手ごろな、運転者の化石燃料への依存を取り除く解決策を持っている。

The auto industry already has <u>proven</u> and <u>affordable</u>
　　　　　　　　　　　　S　　　　　　V　　形容詞　　　　　　形容詞

solutions (to cure drivers of their addiction to fossil fuels).
　　O　　　　cure A of B「AのBを取り除く」

Code 34

「形」と「意味」を両立させて等位接続詞がつなぐものを発見せよ!

読む前に出典をチェックせよ！

　長文問題に取り組む際、いきなり本文を読み始めますか？ それとも本文を読み始める前に、何かやっていることがありますか？ ……**いきなり本文を読み始めることはオススメしません。**①出典チェックと②設問チェックから始めることをオススメします。ここでは①**出典チェック**について説明しますね。

　大学入試で出題される長文は、試験のためにオリジナルで書かれたものではなく、どこかから引用してきた文章がほとんどです。どこから借りてきたかの情報（＝出典）を、文章の最後に明記してくれる大学もあります。**出典情報を読めば、第1パラグラフから確認モードで読める場合があるのです！**
　例えば名古屋大の問題での出典情報を見てみましょう。

> 【出典：Jones, Emma. "Can Weighted Blankets Help You Sleep Better?" Healthing のウェブサイトから，11 May 2021. 出題の都合上，原文の一部に変更を加えている。】

　最初にある Jones, Emma. は筆者の名前ですから、気にする必要はありません。次の **"Can Weighted Blankets Help You Sleep Better?"** がタイトルで、この情報が非常に重要です！ **タイトルがわかれば、英文の内容が予測できる可能性が高い**ですよね。訳してみると、「加重ブランケットは良く眠れる助けとなりえるか？」です。かなり大きなヒントです！ たとえ Weighted Blankets「加重ブランケット」がわからなかったとしても、睡眠に関する話であることはわかりますね。タイトルは " " で囲まれていたり、イタリック体で表記されることが多いことも知っておきましょう。

　本からとってきた英文なのか、ニュース記事やウェブサイトから取ってきた英文なのかもチェックしましょう。本からとってきた英文は、タイトルが内容予測の助けにならないこともあります。一方でニュース記事やウェブサイトから取ってきた英文では、タイトルが大きなヒントになることがほとんどです。出典情報のところに、"〜Publishing" や "〜Books" とあれば、本が出典でしょう。"〜Times" や "〜News" とあれば、ニュース記事が出典でしょう。他には、**The Guardian**、**Voice of America**、**The Washington Post** などもニュースメディアの名前として覚えておきましょう。

等位接続詞がつなぐのは？ ②

「私たち（ヨーロッパ人）の先祖は何世代にもわたってはしか（＝measles）にかかっ
てきたので、私たちにはある程度の免疫があった。」という内容に続く英文です。

> On the other hand, the Yahgans, though incredibly
> strong, (1)<u>and</u> able to face cold (2)<u>and</u> hardship of
> every kind (3)<u>and</u> to recover almost miraculously from
> serious wounds, never had to face this evil thing, (4)<u>and</u>
> therefore lacked the stamina to withstand it. （九州大）

(1)下線部(1)の and は何と何をつないでいますか？

(2)下線部(2)の and は何と何をつないでいますか？

(3)下線部(3)の and は何と何をつないでいますか？

(4)下線部(4)の and は何と何をつないでいますか？

(5)訳しましょう。

> and がつなぐものを誤って判断してしまう誤訳は本当に多い。
> ゆっくりでいいから丁寧に考えて、正確に読むことを重視してほしい。

Words and Phrases

the Yahgans 名 ヤーガン族　**incredibly** 副 信じられないほど
hardship 名 苦難　**miraculously** 副 奇跡的に　**withstand** 動 〜に耐える

Clue

「形」と「意味」を両立させられるように読もう。

解答と解説

(1)下線部(1)の and は何と何をつないでいますか？

(答)（incredibly）strong と able（形容詞と形容詞）

　and の後ろには形容詞 able があります（be able to は1セットで助動詞とみてかまいませんが、able だけで見れば形容詞です）。前に形容詞を探すと strong がありますね。意味も「信じられないほど強く、〜に立ち向かうことができる」となり、適切であると判断できます。

　ちなみに though の後ろには"S＋be動詞"が省略されています（第5講 副詞節中での"S＋be動詞"省略ルール参照）。

the Yahgans,　＜though incredibly strong, and able to face〜
　　　　　　　　S　　　"S＋be動詞"省略　　形容詞　　　　　　形容詞

(2)下線部(2)の and は何と何をつないでいますか？

(答)cold と hardship（名詞と名詞）

　and の後ろには名詞 hardship「苦難」がありますから、前に名詞を探します。最初は cold を形容詞と考えてしまうかもしれませんが、前に「形」も「意味」も成立する名詞が見つかりませんね。こういう時には意味から考えることも有効です。意味の点から、cold が「寒さ」という意味の名詞で、「寒さと苦難に立ち向かうことができる」としたいですね。実際、cold は名詞で「寒さ」という意味で使うことができます。

　hardship の後ろにある of every kind「あらゆる種類の」は hardship だけを修飾します。"A and B 形容詞のカタマリ"という形では、まずは形容詞のカタマリがAもBも修飾すると考えるのが文構造上は素直な読み方です。それで意味がおかしくなるならば、Bだけを修飾していると考えるようにしましょう。

"A and B 形容詞のカタマリ"の解釈

① A and B（形容詞のカタマリ）←AもBも両方修飾
　↓（意味がおかしくなるなら）
② A and B（形容詞のカタマリ）←Bだけ修飾

ここでもまずはcoldとhardshipのどちらも修飾していると考えると、「あらゆる種類の寒さと苦難」となります。しかし一般的に、「寒さ」に種類はありませんね。このことからof every kindはhardshipだけを修飾していると解釈します。**等位接続詞の判断では「意味」も非常に重要です。**

⑶下線部⑶のandは何と何をつないでいますか？
🈁 to face～と to recover～（to不定詞とto不定詞）
　andの後ろにはto不定詞to recover～がありますから、前にto不定詞を探すとto faceが見つかりますね。意味も「寒さとあらゆる種類の苦難に立ち向かうことができ、深刻な怪我からもほとんど奇跡のように回復することができた」となり、適切です。

⑷下線部⑷のandは何と何をつないでいますか？
🈁 had（to face）と lacked（VとV）
　andの後ろにはtherefore lacked the stamina～と続いています。andの直後のtherefore「それゆえ」は副詞ですが、前文との論理関係を示しているだけですので、andがつなぐものを考える時には無視してかまいません。and therefore～はよく使われる形です。

　そうなるとandの後ろには動詞であるlackedがあります。前に動詞を探すと、同じ過去形でhadがありますね（had toを過去形の助動詞ととらえ、had to faceで１つの過去形の動詞になっていると考えてもかまいません）。意味も「この悪病に立ち向かう必要が一度もなかったので、それゆえ、それに抵抗するための体力が不足していた。」となり、適切です。

⑸訳しましょう。
🈁 一方で、ヤーガン族は、信じられないほどたくましく、寒さとあらゆる種類の苦難に立ち向かうことができ、深刻な怪我からもほとんど奇跡のように回復することができたが、この悪病に立ち向かう必要が一度もなかったので、それゆえ、それに抵抗するための体力が不足していた。
　this evil thingとは「はしか」のことですから、「この悪病」と訳しています。

On the other hand, the Yahgans, < though incredibly strong,
　　　　　　　　　　　　　　　　　S　　　　┌─────────────────┐　　　　　　　　C'
　　　　　　　　　　　　　　　　　　　│ they(S') were(V') 省略 │
and able to face cold and hardship (of every kind) and to
　　　V'　　　　　　O'　　　┌──────────┐
　　　　　　　　　　　　　│ hardshipだけ修飾 │
recover almost miraculously from serious wounds > , never
　V'　　　　　　　　　　　　　　　　　　　　┌──────────────────────┐
　　　　　　　　　　　　　　　　　　　│ thoughの作るカタマリはここまで │
had to face this evil thing, and therefore lacked the stamina
　V　　　　　O　　　　　　　　　　　　　V　　　　　　O
(to withstand it).

＊(1)にあるようにableは本来形容詞ですが、ここではwere(省略) able to face、were able to
　recoverをそれぞれ1セットでV'と処理しています。

 Code 35
等位接続詞がたくさんあっても基本フォームは同じ!
丁寧に「形」と「意味」を両立させること!

等位接続詞がつなぐのは？ ③

A first goal is to make sure that all countries have access to observations of extreme weather events that are collected by weather satellites, and assistance in incorporating such data into their emergency planning system. He* also wants to help train weather service personnel, transfer useful technologies and educate the public about disaster preparedness.

（神戸大）

*He は世界気象機関の事務局長のこと。

(1) train の品詞と訳を答えましょう。

(2)下線部を訳しましょう。

最初はわからなかった英文も、時間をおいて翌朝にでも再挑戦してみると、すんなり読めてしまうことがあるぞ。

Words and Phrases

incorporate 動 を取り入れる　　**personnel** 名 職員

Clue

(1)最も適切な意味になる読み方を見つけよう。

解答と解説

(1) [train]の品詞と訳を答えましょう。

(答) 動詞で「訓練する」

　名詞や形容詞で「電車（の）」と読み、help train weather service personnel「電車の天気予報業務の職員を助ける」と読んでいないでしょうか？ こう読んでしまった人は、まだ等位接続詞への注意が足りませんよ！

　", transfer"を見た時点で、「カンマの後に動詞って変な形だな」、「このカンマは何だ？」と思い、**「あ、おそらく"A, B(,) and C"の形になるな。後ろにandが出てくるはずだ」と予測ができていたいところです。**そして読み進めてみると、予測通りandが出てきましたね。つまりここでは、"動詞，動詞 (transfer)～ and 動詞 (educate)～"の形になっているのです。

　では1つめの動詞は何でしょうか？ transferとeducateは見た目上は**現在形か原形**です。現在形ならば必ずVになり、SはHeということになります。しかしそれならば、三単現のsがつきtransfersとeducatesになっているはずですから、現在形ではないとわかります。現在形でないならば、transferとeducateは原形**ですね。**

　前に原形を探すとhelpが見つかります。helpとtransferとeducateをつないでいると考え、意味をチェックしましょう。訳は「彼はまた、電車の天気予報業務の職員を助け、有用な技術を伝え、一般の人々に災害への備えについて教育したい。」となりますが、「電車の天気予報業務の職員」なんているのでしょうか？ **意味のチェックを気持ちよくクリアすることができなかったので、他にもっと良い読み方がないか探してみましょう。**

　では種明かしです。**実は**trainを動詞の原形で読むこともできるのです！

　このことに気づくためには、まずはhelp (to) do～「～するのを助ける」「～するのに役立つ」の語法を知っておかなければなりません。toが省略され、helpの後ろに動詞の原形が置かれる形があるのです！

　次に、trainは動詞で「訓練する」という意味で使えることを知っておく必要もあります（「トレーニング」はtraining）。英語の世界には複数の品詞で使える単語がたくさんあるのでしたね（第4講参照）。

train と transfer と educate をつないでいると読み、意味をチェックしてみ
ましょう。「**彼はまた天気予報業務の職員を訓練し、有用な技術を伝え、一般
の人々に災害への備えについて教育することを助けたい。**」となります。「天気
予報業務の職員」とはすなわち、「天気予報の業務に携わる職員」ということ
です。こちらの方が意味が適切ですね！

(○) He also wants to help ⎰ train weather service personnel
⎱ transfer useful technologies
⎱ educate the public about〜

　等位接続詞が３つ以上のものをつなぐ形は、和訳問題で本当によく出題され、
間違いが特に多くなるポイントです。等位接続詞の処理は慎重に、「形」と「意
味」の両方が成立する読み方を探しましょう。最後に、等位接続詞が３つ以上
をつなぐ基本の形と特殊な形をまとめておきます。

等位接続詞が３つ以上をつなぐ基本の形と特殊な形

代表的な等位接続詞として and を使って書いています。
|基本の形| **A, B(,) and C**　　←andの前のカンマの有無は筆者による
|特殊な形| ①**A and B and C** ←カンマを使わない（第３講の英文参照）
　　　　　②**A, B, C**　　　　←and を使わない
＊特殊な形で書かれる頻度は低いですが、①も②も難関大の和訳問題では少数ながらも出題さ
　れています。可能性として頭に入れておきましょう。

⑵下線部を訳しましょう。

㊎ 最初の目標は、すべての国が異常気象についての気象衛星によって集めら
　れた観測データと、そのようなデータを緊急事態の計画システムに取り入
　れる際の援助を利用できるよう手配することである。彼はまた、天気予報
　の業務に携わる職員を訓練し、有用な技術を伝え、一般の人々に災害への
　備えについて教育することを助けたいとも考えている。

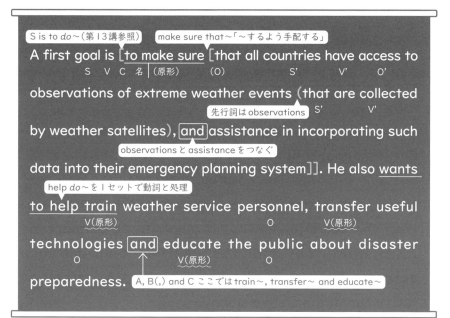

S is to do〜（第13講参照）　make sure that〜「〜するよう手配する」

A first goal is [to make sure [that all countries have access to
S　V　C 名｜（原形）　（O）　　　S'　　V'　　O'

observations of extreme weather events (that are collected
　　　　　　　　　　先行詞は observations　S'　　　V'

by weather satellites), and assistance in incorporating such
　　　　　　　observations と assistance をつなぐ

data into their emergency planning system]]. He also wants

help do〜を1セットで動詞と処理

to help train weather service personnel, transfer useful
V（原形）　　　　　　　　　　　　O　　　　V（原形）

technologies and educate the public about disaster
O　　　↑　　　V（原形）　　　　　O

preparedness.　A, B(,) and C ここでは train〜, transfer〜 and educate〜

 Code 36

等位接続詞が3つ以上をつなぐ形は
特に誤読が多くなるので注意!

第 **37** 講

等位接続詞の発展形を見抜け!

「IoT(さまざまな装置やセンサーなどがインターネットに接続され情報交換する仕組み)によって、機器の性能が上がり用途が広がる」という内容に続く文です。

> For instance, a light switch that is Internet enabled not only allows a homeowner to program on and off times with a smartphone (1)<u>and</u> manually control it from the same phone, but it also can be connected to software that analyzes electrical consumption across all lights in the house (2)<u>and</u>, by offering recommendations, save money.
>
> (東北大)

(1)下線部(1)andは何と何をつないでいますか?

(2)下線部(2)andは何と何をつないでいますか?

(3)訳しましょう。

> 本書では等位接続詞をたっぷり扱っている。正しい読み方を習得した上で、たくさん英文を読んでいこう。

Words and Phrases

Internet enabled 形 インターネット対応の   **manually** 副 手動で
analyze 動 を分析する   **consumption** 名 消費量

Clue

(2)andの直後のカンマの役割を考えよう。

解答と解説

(1)下線部(1)andは何と何をつないでいますか？

答 program と （manually）control（動詞の原形と動詞の原形）

　andの直後に副詞manuallyがありますから、前に副詞を探したかもしれません。しかし意味に焦点を当てて考えると、**「家の所有者は、スマートフォンで電源のオンとオフの時間をセットしたり、同じスマートフォンから手動でそれを操作したりすることができる」**と読みたいですよね。つまり、**動詞の原形programとcontrolをつないでいると読むのが正解です！**

　manuallyはcontrolを修飾する副詞です。動詞を修飾する副詞は文末部に置くのが普通ですが、動詞の前に置かれることもあります。今回のmanuallyで言えば、①and **control** it from the same phone **manually** と書くこともできますが、本文のようにcontrolの前に置いて、②and **manually control** it from the same phone と書くこともできます。

　等位接続詞がつなぐものを考える時、直後の１語だけを見ればよいというわけではありません。「意味」が通るように読む姿勢が重要です。**「形」**と**「意味」**の両立ですね。

(2)下線部(2)andは何と何をつないでいますか？

答 be（connected）と save（動詞の原形と動詞の原形）

　andの後ろを見ると“, by offering recommendations,”とありますから、前に前置詞＋名詞を探す……**ちょっと待ってください！** カンマで区切られていますね。このカンマは何でしょう？

　実は等位接続詞の直後のカンマは、Mの目印です！ “A and, ＜M＞, B”という形になり、andはAとBをつなぎます。Mである“, by offering recommendations,”を＜＞カッコで括ってその後ろを見てみると、**動詞save**がありますから、**andの前の動詞を探します！**

　saveは見た目上、**原形か現在形**ですから、前に原形か現在形の動詞を探しましょう。まず現在形analyzesが見つかりますが、saveには三単現のsがついていないので違いますね。さらに前に戻ってみると、原形be（connected）が見つかります。意味をチェックしてみると、**「それ（＝インターネット対応のライ**

トのスイッチ）はまた、家中のすべてのライトの電気消費量を分析するソフトウェアに接続されることができ、おすすめを提案することで、お金を節約できる。」となります。よさそうですね！

　今回は“A and, ＜M＞, B”という形でカンマが目印になりましたが、“A and ＜M＞ B”というカンマがない形で書かれることもあります。これを見抜くためにも、「形」だけで決めるのではなく、「意味」もおかしくならないように読もうとする姿勢が大切です。

A and ＜M＞ Bの例文

They* bring together people who do not know each other privately [and] ＜in most cases＞ do not care to know each other in that fashion. ᴹ　　　　　　　　　（青山学院大）

*Theyは「晩餐会や都市部の歩道での人との出会い」のこと。

それらは、お互いに個人的な知り合いではなく、そしてほとんどの場合、そんなふうに互いを知りたいとも思っていない人を知り合わせる。

＊波線部がandがつないでいる部分。fashionは**「方法」**（第25講の英文で学びました）。
　in that fashionで「そんなふうに」と訳しています。

(3)訳しましょう。

㊇ 例えば、インターネット対応のライトのスイッチを使えば、家の所有者はスマートフォンで電源のオンとオフの時間をセットしたり、同じスマートフォンから手動でライトを操作したりすることができる。それだけでなく、インターネット対応のライトのスイッチを使えば、家中のすべてのライトの電気消費量を分析するソフトウェアに接続することができ、おすすめを提案してくれることにより、料金を節約することもできる。

　Internet enabledはセットで１つの形容詞扱いとなり、「インターネット対応の」という意味です。ハイフン（-）をつけてInternet-enabled（internet-enabled）と書くことの方が多いようですが、ここではハイフンがついていないので文構造把握が難しくなっています。-enabledは主にIT機器に使う言葉で、これからさらに使用頻度が増えていくでしょうから覚えておきましょう。

"**無生物主語 allow O to do～**"を「**無生物主語を使えばOは～できる**」と訳しています。無生物主語の文では、「仮定」の訳も綺麗になることが多いことを覚えておきましょう。

but以降も無生物主語の文になっています。ここも「インターネット対応のライトのスイッチ（＝it）を使えば」と「仮定」の訳をしています。

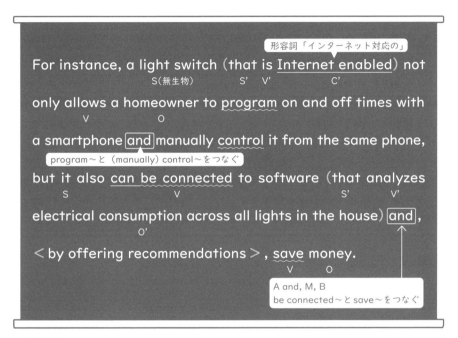

Code37
A and(,) M(,) Bの形に注意!
等位接続詞直後のカンマはMの目印

盲点となる等位接続詞

> The interesting thing is that the conditions which make you nervous vary with each individual, for (1)<u>one person may feel</u> quite at ease addressing a large meeting, (2)<u>yet</u> quite awkward talking informally at a social function — and *vice versa*.
>
> （大阪大）

(1)下線部(1)one person may feel は SV ですね。V2 つめ OK サインは何ですか？

(2)下線部(2)yet の品詞と訳を答えましょう。

(3)訳しましょう。

> 辞書を調べる前に、文構造から品詞の予測を立てておこう。「○○詞で使えるはずだ。やっぱり使える！」というふうに辞書を使えることを目指そう。

Words and Phrases

at ease 気楽な **address** 動 に向けて演説をする
social function 名 社交行事 **and *vice versa*** 逆もまた同じ

Clue

(1)省略されておらず、書かれている。

解 答 と 解 説

(1)下線部(1)one person may feel は SV ですね。V2 つめ OK サインは何ですか？

(答) for

なんと for は等位接続詞として使うことができます！ ただし、SV〜とSV…をつなぐ使い方しかできません。大学入試で出題されるようなフォーマルな英文では、決して珍しくありませんから覚えておきましょう！

等位接続詞の for

[形] SV〜, for SV… ← , が ;（セミコロン）や . などになることもある。

[訳] 「〜。というのも…だから」（前に述べたことの理由や判断の根拠を表す）

One should not be afraid to try new things, such as moving from one field to another or working at the boundaries of different disciplines, **for** it is at the borders that some of the most interesting problems reside.

（京都大）

例えばある分野から別の分野へ移行することや、異なる学問分野の境界で研究をしたりといった新しいことに挑戦することを恐れるべきではない。というのも、まさにそういった境界にこそ、最も興味深い問題のいくつかが存在しているからだ。

＊for の後ろの it is〜は強調構文です。

for は前置詞だけでなく、to 不定詞の意味上の主語や等位接続詞の**可能性も**あります**から、注意が必要です。

(2)下線部(2)yet の品詞と訳を答えましょう。

(答) 等位接続詞 「（だ）が」

なんとなんと、yet も等位接続詞として使うことができます！ **この場合、yet は but と同じ意味**になります。"SV〜, yet SV…" や "SV〜. Yet SV…" という形で「しかし」という意味で使われている時は間違いが少ないのですが、今回のように**SV以外のものをつなぐ形**では、**間違いが急増しますから注意が必要です。**

次ページで等位接続詞 yet の実例を確認しましょう！

等位接続詞yetの例文

At the heart of this combination of research findings lies a surprisingly simple, <u>yet</u> vitally important phenomenon — cooperation.

（東北大）

この複数の研究結果の組み合わせの核心には、驚くほど単純<u>だが</u>きわめて重大な現象がある。それは協力である。

＊yetは形容詞（surprisingly）simpleと（vitally）importantをつないでいます。第8講で学んだAt the heart of〜（M）lies（V）a surprisingly〜phenomenon（S）の形になっていることも注意しましょう。

　今回の文のyetは、**quite at ease〜とquite awkward〜をつないでいます**。似た形を繰り返し使うことで、等位構造に気づきやすくしてくれていますね。yetの作るこの等位構造を見抜くことができれば、awkwardの訳語は**at ease「気楽な」の反対にすればよい**とわかり、**「落ち着かない」**のような訳語が適切であるとわかります。

$$\text{may feel} \begin{cases} \text{quite at ease addressing〜} \\ \text{quite awkward talking〜} \end{cases}$$

⑶訳しましょう。

㊜ 興味深いことは、人を不安にさせてしまう状況は人によって違うということだ。というのも、ある人は大きな会議で演説をする時はかなり気楽に感じるが、社交行事で形式ばらずにしゃべる時はとても落ち着かないと感じるかもしれず、その逆もまたありえるからだ。

　addressingについては、**分詞構文**と捉えることにします。**"SV〜ing[p.p.]…"というカンマのない分詞構文の形は、「…しながら〜」という意味になることが多いのでしたね**（第17講参照）。ここでも「大きな会議で演説をしながらかなり気楽に感じる」→「大きな会議で演説をする時はかなり気楽に感じる」と訳しました。talkingも同様です。

　しかし、「分詞構文と判別できたから意味がわかって訳せた」というよりは、「意味の推測ができたから文法的に分詞構文だと解釈ができた」というのが

リアルです。「**かなり気楽に感じる**」と「**大きな会議で演説をする**」という意味のカタマリから、おそらく「**大きな会議で演説をすることはかなり気楽に感じる**」みたいな意味になるのだろうと推測をし、本当にそう読めるのか文法的な観点からチェックをするのです。英文解釈の勉強をしていると「文構造」→「意味」の順番にこだわりすぎてしまう人がいますが、「意味」→「文構造」の順序での判断も重要です。

　また、feel comfortable ing〜「**〜して心地よく感じる**」という表現を知っていて、同じように使われているのだろうと考えてもかまいません。

The interesting thing is [that the conditions (which make you
　　　　　　S　　　V　　C　　　　　　　　　S'　　　　　S"　　V"　　O"
nervous) vary with each individual, for one person may feel
　　　　C"　　　V'　　　　　　　　　　　　　　等接　　　S'　　　　V'
quite at ease < addressing a large meeting > , yet quite
　　　　　　C'　　at ease「気楽な」　　　　　　　　　　　　等接
awkward < talking informally at a social function > —
　　　C'
and vice versa].
and vice versa「逆もまた同じ」

等位接続詞forとyetは盲点になりがちなので注意せよ!

これも等位接続詞?

> Broadly speaking, organizational culture refers to the expectations that organizational members share about how to think and act. <u>These expectations are determined on the basis of shared assumptions, values, and beliefs</u> that <u>define what is important, as well as on norms that define the appropriate attitudes and behaviors of organizational members.</u>
>
> (横浜市立大)

(1) that は関係代名詞ですね、先行詞は何ですか?

(2) 波線部 on norms は前置詞+名詞ですから形容詞句か副詞句を作りますが、どちらですか? なぜそのように考えますか?

(3) 下線部(波線含む)を These の意味を明確に示しながら訳しましょう。

形容詞は名詞を修飾、副詞は名詞以外(動詞・形容詞・副詞・文全体)を修飾するぞ。本書では形容詞のカタマリには( )、副詞のカタマリには< >をつけているよ。

Words and Phrases

on the basis of〜 〜に基づいて　　**norm** 名規範

Clue

(2) 直前の as well as がポイントだ。

解 答 と 解 説

(1) that は関係代名詞ですね、先行詞は何ですか?

(答) (shared) assumptions, values, and beliefs

　assumptions と values、beliefs の 3 つが "A, B, and C" の形でつながっています。"A, B(,) and C 形容詞のカタマリ" という形では、**まずは形容詞のカタマリが A も B も C も修飾すると考えるのが文構造上は素直な読み方でしたね**（第35講参照）。今回はこの読み方で、自然な訳になりそうです。よって、**関係代名詞 that 節は 3 つすべてを修飾していると解釈します。**

　また shared「共有された」も 3 つすべてを修飾しています。"形容詞 A and B" という形でも、**まずは形容詞は A も B も修飾すると考えるのが文構造上は素直な読み方です。それで意味がおかしくなるならば、**A だけを修飾していると考えるようにしましょう（"形容詞 A, B(,) and C" でも同様です）。

$$\text{shared}\ \begin{cases} \text{assumptions} \\ \text{values} \\ \text{beliefs} \end{cases}\ (\text{that define what is important})$$

(2) 波線部 on norms は前置詞＋名詞ですから形容詞句か副詞句を作りますが、どちらですか? なぜそのように考えますか?

(答) 副詞句

　as well as が等位接続詞のように機能し、前の on the basis of〜と対等につながれていると判断できるから。

　なんと A as well as B「B だけでなく A も」は、まるで等位接続詞のように、「文法上、対等なものどうしをつなぐ」使い方ができます。この知識を踏まえて本文の as well as を処理することにします。as well as の後ろには on norms があります。前に文法上対等なものを探すと、on the basis が見つかりますね!

are determined
$$\begin{cases} \text{on the basis of shared}\sim\text{beliefs}\ (\text{that define}\sim \\ \text{on norms} \qquad\qquad\qquad\qquad (\text{that define}\sim \end{cases}$$

並べてみると、関係代名詞that節で後ろから修飾されるところまで綺麗に対等ですね！ このように、筆者はわざと同じ構造や単語を使って、等位構造に気づきやすくしてくれることがありますから、**等位接続詞の直後だけでなく、少し視野を広げて見てみることも有効です。**

　「意味」もチェックしておきましょう。on normsはon the basis of〜と同じように「規範に基づいて」という意味になるはずです。**「〜を定義する規範に基づいてだけでなく、〜を定義する共有された前提と価値観と信念にも基づいて決定される」**となります。問題なさそうですね！

　as well as以外にも、まるで等位接続詞かのように使われることがある表現があります。例えば、B rather than A「**AよりむしろB**」、not so much A as [but] B「**AというよりむしろB**」、B instead of A「**AではなくB**」（どれもnot A but B「AではなくB」のような意味ですね）、A if not B「**A、いやひょっとするとB**」「**BではないにしてもA**」などがあります。
　rather thanの例文を見ておきましょう。

まるで等位接続詞のように使われるrather thanの例文

Both see that the individual derives her value from being part of a larger whole, rather than from being a fundamentally autonomous figure who must choose as freely as possible.

（中央大）

個人は、できる限り自由に選択をしなければならない本質的に自立した人間であることからというよりむしろ、より大きな全体の一部であることから自身の価値を得ると両方ともが考える。

＊from being〜という同じ形を繰り返してくれているので、等位構造に気づきやすいですね。ちなみに、herはthe individualを指しています。性別が不明な単数名詞を代名詞にする時、heだけでなくsheやtheyを使うこともあります（現在はtheyを使うのが最も一般的で「単数のthey」（singular they）と呼ばれます）。

(3)下線部(波線含む)を These の意味を明確に示しながら訳しましょう。

㊎ 大まかに言えば、組織の文化とは、どのように考え行動するべきかについて組織のメンバーが共有している期待を表す。あるべき考え方や行動の仕方について組織のメンバーが共有している期待は、組織のメンバーの適切な考え方や行動を定義する規範に基づいてだけでなく、何が重要であるかを定義する共有された前提と価値観と信念にも基づいて決定される。

These expectations は前の文の the expectations that ~ を表します。

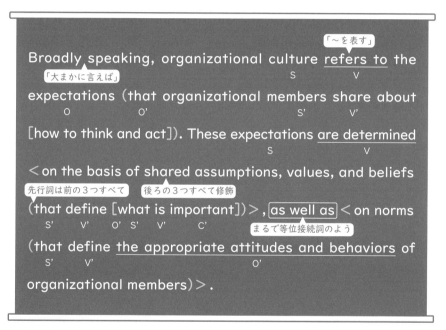

A as well as B「Bだけでなく Aも」は等位接続詞のように
文法的に対等なものどうしをつなぐことができる!

等 位 接 続 詞 の 後 ろ は ……

> Another researcher points out that narration in social contexts often involves circumstances that promote non-disclosure such as silent resistance and secret alliances. <u>Accordingly, some things get said, others</u> <u>not.</u>
>
> （東京大）

(1)下線部を訳しましょう。

簡単な単語を使った短い文だが、誤訳が続出する難文だ。単語の意味がわかるからといって正確に読めるわけではないことを実感できる良問だね。

Words and Phrases

narration 名語り　**non-disclosure** 名非開示　**resistance** 名抵抗　**alliance** 名協力（関係）　**accordingly** 副したがって

Clue

省略が起きている。

解答と解説

(1)下線部を訳しましょう。

答 また別の研究者が指摘するところでは、社会的状況における語りには、無言の抵抗や秘密の結託のような非開示を促す状況がよくあるとのことだ。したがって、声に出して言われることもあれば、声に出して言われないこともある。

　others not の部分が変な形になっていますよね。まずは形の違和感を持てたかどうかが大切です。違和感の正体を解き明かしていきましょう。

　ひとつめのポイントは some〜と others…**がセット**で使われ、**「〜もあれば…もある」**という表現を作ることです。

some〜とothers…

some〜と others…はセットで使われ、「〜もあれば…もある」という意味になる。othersを「他人」と訳してしまう間違いが多いので注意しましょう！
If species overlap too much in their use of resources, competition will cause some to flourish and others to suffer extinction. (青山学院大)
もし種が資源を使用することにおいてあまりに重なり合う部分が多すぎるのであれば、競争により繁栄する種もあれば絶滅してしまう種もあるだろう。
＊some〜と others…は、andやセミコロン (;) などを使って等位接続関係でつながれたり、whileなどの従属接続詞を使ってつなげられたり、ピリオドが使われることもあります。さらになんと、andの代わりにカンマが使われることもあります！ それが今回の東京大の英文です。

　今回の文では、some〜と others…を and ではなくカンマを使ってつなげる形になっています（第23講のV2つめOKサインの例外ルール(3)参照）。**some〜and others…**や**not A but B**などの「公式化」した表現では、等位接続詞の代わりにカンマが使われる可能性が高まります。

　このように考えると、このカンマは and と同じ働きをすると考えられます。つまり、等位接続詞 and の後ろが変な形になっていると捉えることができるん

ですね。ここで2つめのポイントです。等位接続詞の後ろに前後が対等にならない変な形があると気づけたら、省略を考えるようにしましょう。

等位接続詞の後ろで起こる省略

直前に出た語句と同じ語句を後ろで再び使う場合、繰り返しを避けるために後ろで省略することがある。特に等位接続詞の後ろは同一語句の繰り返しが生じやすく、省略の可能性が高まる。「形」や「意味」の違和感から省略に気づき、「形」と「意味」を両立させて省略を補うことが大切。以下の例文では省略が生じている場所に△を置いています。

However, variation in dialect, and especially in pronunciation, is a subject about which most people are quite willing to express an opinion when invited to△②, and many people are△①without being asked to△②.

(中央大)

しかし、方言、特に発音における違いは、促されるとたいていの人が意見を言うことを全くいとわず、お願いされてもないのに、ぜひ意見を言いたいと思っている人も多い話題である。

[省略構造①]
{ most people are quite willing to express an opinion
{ many people are （quite willing to express an opinion）

[省略構造②]
{ when   invited to （express an opinion）
{ without being asked to （express an opinion）

＊when invited toの後ろも等位接続詞の後ろではありませんが省略が起きています（第41講参照）。

動詞の部分が省略され、"S V〜 and S ¥…"のように、真ん中にぽっかりと穴が空いたような形になることもあるので注意！ これは等位接続詞の後ろの位置でだけ見られる省略現象で、専門的には **「空所化」** と呼ばれます（第28講の英文も参照）。

"clashes of all sorts became likely when tempers were shortest, fears△greatest, and eyesight△weakest,"

(東京工業大)

「気が最も短くなり、恐怖が最大になり、最も視野がきかない時、あらゆる種類の衝突が起こりやすくなった」

176

[省略構造]

when
{
tempers　　were　　shortest
fears　　　(were)　greatest
eyesight　(were)　weakest
}

It is a kinship based on an awareness that others share some of my feelings and I△ theirs.　　　　(大阪大)

それは、他者が私の気持ちの一部を、私が他者の気持ちの一部を共有しているという意識に基づく親近感である。

[省略構造]

{
others　share　some of　my feelings
I　　　(share)　(some of)　theirs
}

＊theirsは their feelings を意味します。

　省略を考える時は、「形」だけでなく、「意味」もあわせて考えなければなりません。some things get said は「言われるものもある」という意味です（get p.p.~「~される」）。some~ と others… がセットで使われた表現であることと、not の意味を考えると、「言われるものもあれば、言われないものもある」のような意味になりそうですね。前文の内容とも合います。こう読むためには以下のように省略を補うことができます。

{
some things　　　　　　　　　　　get said
others（＝other things）　(do) not (get said)
}

＊othersの後ろに否定文がくる時、"others do not" のように書かれることもありますが、doが省略されてnotだけになることもあります。

「形」の面から見ても、直前に出た語句の繰り返しになっている部分が省略されていると考えられていますから、「形」と「意味」を両立させることができましたね！

Accordingly, some things get said, others not.
　　　　　　　　　S　　　　V　　　　S do get said

Code.40　等位接続詞の後ろで変な形を見たら省略を疑え！
省略を補う時は、「形」と「意味」を両立させる

be動詞の落とし穴

> When counselors in clinical settings are advised ahead of time (1)<u>that</u> an interviewee is combative, they tend to conclude (2)<u>that</u> he is even if the interviewee is no more combative than the average person.　（横浜市立大）

(1)下線部(1)のthatについて適切なものを選びましょう。
　① 従属接続詞のthatで名詞節
　② 従属接続詞のthatで副詞節
　③ 関係代名詞のthatで形容詞節
　④ ①から③に正解なし

(2)下線部(2)のthatについて適切なものを選びましょう。
　① 従属接続詞のthatで名詞節
　② 従属接続詞のthatで副詞節
　③ 関係代名詞のthatで形容詞節
　④ ①から③に正解なし

(3)訳しましょう。

thatの識別の知識に不安がある人は第20講を復習しよう。忘れたら覚え直す、進みながら戻る、振り返るといつの間にか前より高い場所にいることに気づく。英語学習ってそんなもんだ。

Words and Phrases

clinical 形 臨床の　interviewee 名 カウンセリングを受ける人
combative 形 攻撃的な

Clue

(2)後ろのisがポイントだ。

解答と解説

(1)下線部(1)のthatについて適切なものを選びましょう。

(答) ①従属接続詞のthatで名詞節

　thatの後ろが完全な文（SVC）になっていますから、従属接続詞のthatです。advise O that～「Oに～を知らせる」の受動態です。M(ahead of time) が間に割り込んでいるのが、少し難しいポイントですね。

(2)下線部(2)のthatについて適切なものを選びましょう。

(答) ①従属接続詞のthatで名詞節

　conclude that～「～という結論を出す」の形になっていますから、このthatは従属接続詞のthatでconcludeのOになる名詞節を作るのでしょう。thatの後ろはhe is even if～と続いています。even if～「たとえ～でも」は従属接続詞で副詞節を作ります。isは第1文型（SV）で使われているのですね。

tend to conclude [that he is ＜ even if the interviewee is～＞]
　　V　　　　　　　O　　　　S'　V'

　ちょっと待ってください！ they tend to conclude以降を訳してみましょう。be動詞は第1文型では「いる」「ある」という意味です。heはan intervieweeを指しています。性別が不明なので、とりあえずheを使っています。「その人」と訳しましょう（第39講rather thanの英文の解説参照）。no more combative than the average personは「平均的な人と同じ程度にしか攻撃的でない」という意味です（(3)の解説を参照してください）。

　「たとえカウンセリングを受ける人が平均的な人と同じ程度にしか攻撃的でないとしても、その人はいると結論を出す傾向にある」という訳になりますが、**明らかに変です！** では関係代名詞のthatでしょうか？ be動詞は第2文型（SVC）で使うことが多いので、be動詞の後ろにCがない不完全な文と考えられます。しかし、先行詞が見つかりませんよね。他動詞concludeのOがないのも困ります。文構造も意味も成立する読み方は他にないでしょうか……？

　ここで種明かしです。**実は**he isの後ろにcombativeが省略されている**のです！** thatの後ろはSVC文型で完全な文**と考えるのです！** 第40講で、「直前に出た語句と同じ語句を後ろで再び使う場合、繰り返しを避けるために後ろで省略することがある。」というルールを学びました。**この同一語句の省略は**

等位接続詞の後ろだけでなく、be動詞の後ろ、助動詞の後ろ、to不定詞のtoの後ろでも生じることがあります！

等位接続詞の後ろではない同一語句の省略

be動詞の後ろ、助動詞の後ろ、to不定詞のtoの後ろが、同一語句の反復を避けるために省略されることがある。特にbe動詞の後ろが省略されると、そのbe動詞を第1文型の動詞と解釈してしまい、省略に気づけないことが増えるので注意！　常に文構造と意味の両方を心がけるようにしましょう！

以下の例文では△が省略の生じている所で、波線部が省略されている語句です。

If it seems like mega-fires are <u>occurring more frequently</u>, it's because they are△.
（学習院大）

もし大きな火災が以前より頻繁に起きているように思われるのならば、それは実際に以前より頻繁に起きているからだ。

Some people have always believed that things are going downhill. But over the last fifty years we can check whether they are <u>right</u>. They are not△.
（横浜市立大）

状況が悪化していると常に信じてきた人もいる。しかし、私たちは過去50年間にわたって彼らが正しいかどうか検証できる。彼らは正しくない。

代動詞のdoも一種の省略と考えられます。「する」と訳してしまう間違いが多く見られるポイントですから、ついでにチェックしておきましょう。

Then, around 12,000 years ago, our hunter-gatherer ancestors <u>started to raise animals, grow crops and build permanent settlements</u>, or else were driven out by humans who **did**.
（一橋大）

そして約12,000年前に、狩猟採集民であった私たちの先祖は、動物を飼育し、作物を栽培し、定住用の集落の建設を始めた。そうでなければ、それらを始めた人に追い出された。

＊代動詞didは波線部started to raise animals, grow crops and build permanent settlementsを意味します。「する」という意味のdoは他動詞ですがOがないという文構造の違和感から、代動詞に気づきましょう。

　he isの後ろにcombativeが省略されていると考えると、**「たとえカウンセリングを受ける人が平均的な人と同じ程度にしか攻撃的でないとしても、その人は攻撃的であると結論を出す傾向にある」**となります。適切な訳ですね！これで文構造も意味も両立させることができました！　今回学んだ省略が起きる時は、be動詞や助動詞、toの後にピリオドやカンマがあることが多いのですが、今回の英文ではカンマやピリオドがないので、見た目上は省略に気づきにくくなっているのが難しいポイントです。

(3)訳しましょう。

(答)　臨床現場でのカウンセラーが、カウンセリングを受ける人は攻撃的であると前もって知らされている時、たとえそのカウンセリングを受ける人が平均的な人と同じ程度にしか攻撃的でないとしても、その人は攻撃的であると結論を出す傾向にある。

　no more～than…は①「～ない」という否定の意味が含まれること　②「…と差がゼロ」という意味を表すことの2点がポイントとなる表現です。(a)「…（ないの）と同様に～ない」(b)「…と同じ程度にしか～ない」という2つの訳し方を覚えておきましょう。ここでは（b）で訳すべきです（第56講で詳しく扱います）。

> ＜When counselors in clinical settings are advised ＜ahead
> 　　　　　S'　　　　　　　　　　　　　　　　V'　　　　　　M割り込み
> of time＞［that an interviewee is combative］＞, they tend
> 　　　　　　　　　O'　　　　　　S'　　V'　　　C'　　　　　S
> to conclude［that he is ＜even if the interviewee is no more
> 　V　　　O　　　S'　V'　combative(C')省略　　S'　　　　V'　否定的
> combative than the average person＞].
> 　C'　　　差がゼロ

Code41
　be動詞の後ろの同一語句の省略に注意せよ！
　助動詞の後ろ、to不定詞のtoの後ろでも省略が起きることがある！

否定の文を美しく訳すには?

The running gags used in this television comedy were often connected to his reputation for being cool. For example, when he passed a mirror, he would take his comb out of his pocket to touch up his hair. But when he looked at himself in the mirror, he put his comb back quickly every time because he thought he was perfect. <u>It was as if no further improvement to his appearance could be made</u>; he was so cool that not even a single hair was ever out of place.

（北海道大）

(1)下線部を訳しましょう。

今回の英文は視覚的なイメージを浮かべながら読むことを意識してほしい。物語や実験の説明などを読む時は、文字から状況のイメージが湧き出ることが重要だ。

Words and Phrases

running gag 名 定番のギャグ　**comb** 名 くし　**touch up** を整える
out of place あるべき所にない

Clue

"no +名詞" の直訳は、「0(ゼロ)の名詞」

解答と解説

(1)下線部を訳しましょう。

(答) このテレビコメディで使われた定番のギャグは、イケているという彼の評判と関連したものであることが多かった。例えば、鏡の前を通り過ぎる時、彼は髪を整えるためによくポケットからくしを取り出した。しかし鏡に映った自分を見ると、彼は自分が完璧だと思うので、いつもすぐにくしをしまった。それはまるで、彼の見た目にはさらに手を加えられるところがないかのようだった。彼はとてもイケていて、乱れた髪の毛はほんの1本さえなかった。

　It was as if〜は「それはまるで〜のようだった」と訳します。It は前の内容を指しています。was の後ろに C が省略されているわけではありません。as if 節は、be 動詞, seem, look, feel など SVC 文型の動詞の後ろに置かれ、C のように機能することがあります。It is as if〜「それはまるで〜のようだ」はよく使う表現として覚えておくべきです。

　as if 節の訳に苦労したのではないでしょうか？ 直訳をすると、**「彼の見た目に 0（ゼロ）のさらなる改善が作られることができる」**となりますが、変ですよね！ 何を言っているのかはっきりわかりません。直訳がこのような変な訳になってしまったポイントは 2 つです。**1 つめは no が S についていること。2 つめは受動態を受動態のままで訳していること**です。

　まずは**「no が S についている」**から解説をしていきますが、その前に、数量表現が S についている時、日本語訳では数量表現を後ろ（述語）の位置に置いた方が綺麗になることが多いことを知っておきましょう。**これは特に、no, few, little など否定の意味を含む数量表現が S についている時に有効な訳し方です。**以下の例文では little が S になっています。

Until now, little has been written about these ancient individuals partly because there was so little to say.

(慶應大)

今までに、これらの古代の人々について書かれてきたものはほとんどない。その理由の1つは、言えることがあまりに少なかったからである。

さて、"No S V〜" を直訳すると、「0（ゼロ）のSは〜する」となります。直訳で言っていることがはっきりわかり、「〜するSはない」と「ない」を後ろで訳せば綺麗になる簡単な英文ならよいのですが、今回の英文のように、直訳では言いたいことすらつかめない難しい英文もあります。そのような難しい英文では、no を not と any に分解して書き換えた英文を訳してみると、言いたいことがスッキリとつかめます！

NoがSについている難しい英文の対処法

"No S V〜" を "Any S not V〜"「どんなSも〜しない」に書き換えて訳すとスッキリわかります！（書き換えた英文は Any が not より前に置かれることになり、実際には間違った英文です。あくまで言いたいことをつかむために作る英文であることに注意！）
以下の英文を見てみましょう。

No animal with a brain can survive without it*.
*it は sleep「睡眠」のこと。　　　　　　　　　　　　　（九州大・文頭を大文字に改変）

直訳をすると「脳を持つ0の動物が睡眠なしで生きていける。」です。no だけでなく without まで使われ、否定の意味を持つ語が2回出てくるので少しわかりづらいですね。しかし "Any S not V〜" に書き換えて訳してみると、言いたいことがはっきりとわかります！

Any animal with a brain cannot survive without it.
脳を持つどんな動物も睡眠なしでは生きていけない。

訳はこのままでもOKですが、数量表現を後ろに持ってきて、「睡眠なしで生きていける、脳を持つ動物はいない。」と訳しても綺麗ですね。言いたいことがはっきりわかった上で日本語に訳すことが大切です。

では今回の英文の as if 節内を "Any S not V〜" に書き換えてみましょう。
any further improvement to his appearance could not be made
彼の見た目にどんなさらなる改善も、作られることはできない
どうでしょう？ まだ変な訳であることに変わりはありませんが、「彼の見た目にさらなる改善はできない」といった意味になりそうだということはつかめたのではないでしょうか。

では次に2つめのポイント「**受動態を受動態のままで訳している**」について
です。**受動態で書かれている英語を、日本語でもそのまま「〜される」と受動
態で訳すと変になってしまうことがあります。そのような場合は、能動態に書
き換えて訳してみる**という戦略を知っておきましょう（能動態と受動態の書き換
えについては第7講参照）。能動態に書き換えて訳してみます。

S could not make any further improvement to his appearance
（Sは）彼の見た目にどんなさらなる改善も作ることはできない

これで言いたいことがさらにはっきりとわかりましたね！ やはり、「**彼の見
た目をこれ以上改善することはできない**」ということです。

では訳を作りましょう。「改善も作る」は変ですから、「**改善も施す**」と
makeの訳を中心に工夫して、「**それはまるで、彼の見た目にはどんなさらな
る改善も施す**ことはできないかのようだった」とするだけで、十分に綺麗な訳
と言えるでしょう。

また、髪型の話なので、「改善も施す」ではなく「**手を加える**」と訳すと、
なお自然な日本語となります。元の英文ではnoがSの位置にありましたから、
「〜Sはない」のように訳すこともあわせると、「**それはまるで、彼の見た目に
はさらに手を加えられるところがないかのようだった。**」となります。否定の
絡む英文解釈は受験生が苦手とするところで、内容一致問題でもよくねらわれ
るポイントになります。今回学んだ書き換えの戦略や文脈理解から、言いたい
ことをはっきりつかんだ上で訳すようにしましょう。

「それはまるで〜かのようだった」
It was as if no further improvement to his appearance could
                                          S'

be made
V'

No S V〜はAny S not V〜に書き換えると意味がはっきりする！
意味をつかんだ上で訳を作ろう

第 43 講

否定の文で知っておくべき "型"

---

(1)To be moved or affected by a piece of literature isn't necessarily to see ourselves reflected in it or to like everything about it.

（中央大）

---

(1)下線部(1)のto不定詞について適切なものを選びましょう。
　①名詞用法　②形容詞用法　③副詞用法

(2)訳しましょう。

本書の問題文は第2講を除き、すべて和訳問題として問われた箇所だ。説明で用いる英文も、ほぼすべて和訳が問われた箇所にしている。難関大のレベルを肌で感じてほしい。

Clue

(1)to不定詞のカタマリの区切りを特定し、その後ろに続く形に着目しよう。

解 答 と 解 説

(1)下線部(1)のto不定詞について適切なものを選びましょう。

㊟ ①名詞用法

文頭のTo不定詞の判断

> [To do〜] V…　　　　「〜することは…」(名詞用法でSになる)
> ＜To do〜＞, SV…　　「〜するために、…」(副詞用法でMになる)
> └── カンマはあることが多いが、ないこともある

(2)訳しましょう。

㊟ ある文学作品に感動したり、影響を受けることは、必ずしも私たち自身が
　その作品の中に映し出されているのを見たり、その作品に関するすべてを
　好きになることとは限らない。

　isn't necessarilyを「必ず〜ない」と訳すのは間違いです。notとnecessarily
を組み合わせて使うと部分否定になり、「**必ずしも〜とは限らない**」と訳します。
部分否定をざっくり一般化すると、"**not＋100％近い語**"という形で、「**100％
〜というわけではない[限らない]**」という意味になります。

部分否定

> not と all[every]　　「すべて〜というわけではない」
> not と always　　　　「いつも〜というわけではない」
> not と necessarily　　「必ずしも〜とは限らない」
> not と entirely [completely/fully/quite/wholly]
> 　　　　　　　　　　　「完全に〜というわけではない」

> [To be moved or affected by a piece of literature] isn't
> S　　[S is to do〜(第13講参照)]　　　　　　　　　　V
> necessarily [to see ourselves reflected in it] or [to like
> 　部分否定!　　C（知覚動詞）　　(O)　　　(p.p.)　　　　　　C
> everything about it].　　　　　　　　　　[CとCをつなぐ]

Code43　notとnecessarilyは部分否定!
　　　　　　「必ずしも〜とは限らない」

形からasを攻略せよ！①

> It is common for Americans to offer extravagant praise both publicly (in award and recognition ceremonies) and privately (with expressions like "Great!," "Good job!," and "Terrific!"). Self-evidently good as this may seem to Americans, Japanese tend to regard such displays as inappropriate and embarrassing.
>
> （一橋大）

(1) as の品詞を答えましょう。
　　①前置詞　②従属接続詞　③副詞

(2) (1)の as の訳を答えましょう。

(3) 下線部を訳しましょう。

> asがポイントとなる英文だ。asの用法はたくさんあるが、覚えるべきこと を覚えていれば難しくはない。「口の筋肉」で覚えるつもりで、何度も 英文を音読しよう。

Words and Phrases

extravagant 形 大げさな　**recognition ceremony** 名 認定式
self-evidently 副 説明の必要なく

Clue

(2) **Self-evidently good** の位置がポイント。

解 答 と 解 説

(1) as の品詞を答えましょう。
答 ②従属接続詞

(2)(1)の as の訳を答えましょう。
答 「〜だが」

(1)と(2)をまとめて説明していきます。asはいろいろな使い方があり、間違いが多くなるポイントです。試しに辞書でasを引いてみてください。その記述量の多さに圧倒されてしまうかもしれません。asの持つ「＝」の意味合いからさまざまな訳を推測しようという姿勢では、安定感に欠けますし逆に難しいでしょう。ひとつひとつの意味をしっかり覚えることが結局は近道です。

asを覚える際には、(a) 品詞と訳を1セットで覚える**ことが大切なもの**、(b) 熟語のような決まった言い方として覚える**ことが大切なもの**、この2つに分けるとスッキリします。(b) は例えばV O as C(regard O as Cなど)や、such A as B「BのようなA」のようなものです。たくさんありますが、覚えれば間違うことはありません。一方で (a) は、文中でasの品詞を見抜くこと、さらに適切な意味を決定することが求められ、より難しくなります。そこで、必ず覚えておくべき (a) の知識を以下、品詞ごとにまとめておきます。

前置詞のas

①「〜として」(第7講の英文参照) ②「〜の時」
＊①が多い。②はas a child[kid] やas a teenager など、成長段階や年齢層を表す名詞とセットになることが多い。

副詞のas

「同じくらい〜」
＊ as〜as…「…と同じくらい〜」の1個めのasです。比較対象を表すas…が省略され、as〜が単独で使われた形に注意!

従属接続詞のas

① 「～(同)時に」「～する中で」←同時性を表す(第3講の英文参照)。

② 「～ので」←主節の前で使われることが多いと言われるが、実際には主節の後ろ
　　　　　　　(SV…(,) as S'V'～) で使われることが多い(第26講の英文参照)。

③ 「～ように」←as節で省略が起きて不完全に見えたり、do など代動詞が使われ
　　　　　　　ていたり、倒置が起きていたり、同じ表現が繰り返された形に
　　　　　　　なっていることが多い。

④ 「～つれて」←as節や主節に「増減」「変化」を表す語や比較級があることが
　　　　　　　多い(第16講の英文は increase が使われている)。

⑤ 「～だが」←必ず(As) X as SV～の形。以下の英文を参照。

In order to find descendants of the dinosaurs in today's
world, strange as it may seem, we need to turn to birds.

(九州大)

今日の世界で恐竜の子孫を見つけるために、奇妙に思えるかもしれないが、
鳥類に目を向ける必要がある。

＊元々は it(S) may seem(V) strange(C) という形で、as を「だが」という意味で使うために C
　である strange を as の前に置いています。

青山学院大の長文中の下線部の意味を問う問題にトライしてみましょう。

[問] 下線部が意味するのはどれか。

As clever as that was

1. As long as that was clever
2. So that that was clever
3. Though that was clever

[答] **3** As X as SV の形になっていますから「だが」ですね。

Self-evidently good as this may seem to Americans は X as SV～の
形になっていますね。元々は this(S) may seem(V) to Americans(M) self-
evidently good(C) という形で、as を「だが」という意味で使うために C であ
る self-evidently good を as の前に置いています。

　今回の英文で使われている (As) X as this[it/that] may seem「これ [そ
れ] は X のように思われるかもしれないが」はよく使われる形です。上に見た
九州大の英文でもそうですね。

　ちなみにdisplaysとinappropriateの間にあるasはregard O as C「Oを Cとみなす」という形で使われているもので、(b)「熟語のような決まった言 い方として覚える」に該当するasです。**V O as C**は「**OをCとVする**」と いう訳が基本で、今回の文のようにasの後ろに形容詞を置くこともできま す（この点で前置詞とは言い切れないasです）。他にはview O as C「**OをCとみな す**」、see O as C「**OをCとみなす**」、look on[upon] O as C「**OをCとみなす**」、 think of O as C「**OをCと考える**」、refer to O as C「**OをCと呼ぶ**」なども 覚えておきましょう。

(3)下線部を訳しましょう。

 アメリカ人が、公の場（例えば表彰式や認定式）でも私的な場でも、大げさ な賛辞を贈ることはよくあることだ（「すごい！」、「よくできました！」、「すば らしい！」などの表現を使う）。このことはアメリカ人にとっては説明するま でもなく良いことのように思われるかもしれないが、日本人はそのように 大げさに褒めることを不適切で恥ずかしいとみなす傾向がある。

　displaysは「展示」ではおかしいですね。直前の内容を指すsuchがついて いることと、displayは「人に見せる」という意味が中心にある単語であるこ とから、such displaysは「（人前で）大げさな賛辞を贈ること」を意味してい ることをつかみましょう。上の解答例では「そのように大げさに褒めること」 と意味していることを具体的に訳しましたが、「そのような表現［行為］」と訳 してもよいでしょう。

(As) X as SV～「～だが」

< Self-evidently good as this may seem to Americans > ,
　　　　　　　　　C'　　従接　S'　　　　　V'
Japanese tend to regard such displays as inappropriate
　　S　　　　　　V　　　　　　O　　　　　　　C
and embarrassing.

Code44

（As）X as SV～「～だが」
その他のasの品詞と訳も正確に覚えよう

形からasを攻略せよ! ②

> Instead of accepting each other (1)<u>as</u> equals on the
> basis of our common humanity (2)<u>as</u> we might in more
> equal settings, measuring each other's worth becomes
> more important (3)<u>as</u> status differences widen.　(一橋大)

(1)下線部(1)のasはどのような使われ方のasですか? 品詞と訳を答えたり、
熟語のように決まった表現として答えたりしてください。

(2)下線部(2)のasはどのような使われ方のasですか?

(3)下線部(3)のasはどのような使われ方のasですか?

(4)訳しましょう。

難しい英文だが、第44講で学んだ知識を活用して取り組んでほしい。

Words and Phrases

humanity 名 人間性、人間であること

Clue

(2)(3)どちらも第44講で学んだ知識で解決できる。

解答と解説

(1)下線部(1)のasはどのような使われ方のasですか?

㊂ accept O as C「OをCとして受け入れる」のas (前置詞のasと考えてもOK)

「熟語のような決まった言い方として覚える」asです。ただしこの文では後ろに名詞が置かれていますから、前置詞のasと考えることもできます。

(2)下線部(2)のasはどのような使われ方のasですか?

㊂ 従属接続詞のasで「ように」

　asの後ろにはwe might〜とSVが続いていますから、従属接続詞のasと判断します。しかし! mightの後ろにあるはずの動詞の原形がありません! 従属接続詞asの後ろで、動詞の原形が省略されている**ということは、「ように」になるはずだとわかります**(第44講参照)! 難関大の和訳問題では、たくさんあるasの用法の中で、「ように」の従属接続詞asが最も多く出題されています。以下の内容をしっかり覚えておきましょう!

従属接続詞のas「ように」

「ように」を使うと、**同じ表現を繰り返す**ことになります。例えば「先生が**読んだように君も読んで**みて。」では「読む」が繰り返されてますね。**同一語句の反復**となるので、ただ**繰り返す**だけでなく、**省略**が起きたり、**代動詞**が使われたり、新情報を後ろに置くために**倒置**が起きたりします。省略が起きている英文は今回の一橋大の問題で説明しますので、その他の例文を見ておきましょう。

[代動詞]

We are, in short, able to live <u>as we do</u> because we use resources at hundreds of times the rate of most of the planet's other citizens. (大阪大)

要するに、私たちが現在のように生活を送ることができているのは、地球の他の人々の大多数の何百倍もの速度で資源を使っているからなのだ。

＊as we doのdoはliveの代動詞。直訳は「私たちが実際に生活しているように生活できている」

[倒置]

Keep in mind that pasta has a better GI score than many other flour-based products, <u>as do Japanese soba noodles</u>.

(同志社大)

日本のそばと同じように、パスタは他の多くの小麦粉をもとに作られたものよりも良好なGI値であることを覚えておきましょう。

＊元は as Japanese soba noodles(S) have(V) a better GI score(O) than ～。have以降を代動詞にして as Japanese soba noodles do。新情報Japanese soba noodles を後ろに置くために倒置にしたと考えられる。

【同じ表現の繰り返し】

Just as cultivated crops took the place of gathered plants, domesticated animals took the place of the hunted ones.

（関西学院大）

ちょうど栽培された作物が採集された植物に取って代わったように、家畜化された動物が、猟で狩られた動物に取って代わった。

＊took the place of が繰り返されている。「ように」のasにはjustがつくことも多い。

＊「ちょうど作物を栽培することが植物を採集することに取って代わったように、動物を家畜化することが、動物を狩猟することに取って代わった。」と訳すと、よりわかりやすい訳になります。

ちなみに、the way と like も従属接続詞で「ように」という意味で使えますので、同じような特徴を持ちます（第19講の英文を参照）。

今回の文の省略を復元すると、**we might accept each other as equals on the basis of our common humanity in more equal settings**です（波線部分が同一語句の繰り返しにより省略された箇所）。この **might** は仮定法で、more equal settingsの比較対象は「現実」です。「（現実より）**もっと平等な環境でなら**、共通の人間性に基づいて互いを対等な存在として受け入れるかもしれない」と **in more equal settingsの部分をif節のように訳す**と綺麗ですね（第52講で詳しく扱います）。

(3)下線部(3)のasはどのような使われ方のasですか？

(答) 従属接続詞のasで「つれて」

主節に「変化」を表す動詞becomesと比較級more importantがありますし、widenは「増」を表す動詞と解釈できますから、「つれて」になりそうだと判断しましょう（第44講参照）。

(4)訳しましょう。

(答) もっと平等な環境でなら共通の人間性に基づいて互いを対等な存在として受け入れるかもしれないように、共通の人間性に基づいて互いを対等な存

在として受け入れるのではなく、地位の格差が広がるにつれて、互いの価値を測ることがより重要になる。

　上の解答例では省略された部分を復元して訳しています。美しい訳とは言えませんが正確に訳せていますから、減点箇所はありません。

　かなりハイレベルな話をすると、ここでは「ように」ではなく「のとは違って」と訳すと、意味がはっきりした綺麗な訳になります。**主節と「ように」のas節の片方が肯定でもう片方が否定の時は、「〜とは違って」と訳すことができるのです。「対比のas」と呼ばれることもあります。**今回の英文ではInstead ofが「〜ない」という否定の意味で、仮定法と現実の対比もはっきり出して、**「もっと平等な環境でなら共通の人間性に基づいて互いを対等な存在として受け入れるかもしれないのとは違って、実際にはそうするのではなく」**と訳すことができます。もうひとつ例文を見ておきましょう。

対比のasの英文

Most of us do not worship the Sun as did many in ancient civilizations.
（神戸大・文末をピリオドに改変）
古代文明における多くの人々が太陽を崇拝していたのとは違って、私たちの大多数は太陽を崇拝していない。

＜Instead of accepting each other as equals on the basis of
our common humanity ＜as we might △ in more equal settings＞＞,
仮定法　　　　　　　than 現実
従接「ように」　S'　V' 省略！　　　「〜なら」
[measuring each other's worth] becomes more important
S　　　　　　　　　　　　　　　　V　　　　　　　　C
＜as status differences widen＞.
従接「つれて」　　　S'　　　　V'

Code45
従属接続詞as「ように」は形で判断できることが多い！
省略が起きて不完全に見える、代動詞、倒置、同じ表現の繰り返し

形からasを攻略せよ！③

The theory of evolution was accepted as fact at all of the major universities in the United States.

　　But in 1925, Tennessee Christians had gotten a law passed (1)that said it was unlawful for any teacher (2)to teach any theory that denied the story of the God's creation of man (3)as taught in the Bible.　（東北大）

(1)下線部(1)thatについて適切なものを選びましょう。

　　① 従属接続詞のthatで名詞節　　② 従属接続詞のthatで副詞節
　　③ 関係代名詞のthatで形容詞節　　④ ①から③に正解なし

(2)下線部(2)to teachはto不定詞の何詞用法ですか？

(3)下線部(3)のasはどのような使われ方のasですか？　品詞と訳を答えたり、熟語のように決まった表現として答えたりしてください。

(4)But in 1925〜最後までを訳しましょう。

進化論と言えばダーウィンだね。ダーウィンの名言を紹介しよう。A man who dares to waste one hour of time has not discovered the value of life. 1時間を無駄にできてしまう人は、人生の価値に気づいていないのだ。

Words and Phrases

theory of evolution 進化論　**Tennessee Christians** 名 テネシー州に住むキリスト教徒　**unlawful** 形 違法な　**the Bible** 名 聖書

Clue

(3)本書では初登場の用法になる。どう訳したいかを考えよう。

解 答 と 解 説

⑴下線部⑴thatについて適切なものを選びましょう。

(答) ③関係代名詞のthatで形容詞節

　まず下線部⑴のthatまで読み進めていくと、Tennessee Christians(S) had gotten(V) a law(O) passed (C) という文構造になっています。passedは過去分詞形で、get O p.p. の語法が使われています。getが使役動詞のように使われる語法で、「Oがp.p.される状況を持つ」というのが直訳です。文脈に応じて、「Oを〜してもらう」や「Oを〜し終える」などの訳になります。

　thatの後ろはsaidが続いていますから、Sのない不完全な文になっており、関係代名詞と判断できます。先行詞はa lawです。

⑵下線部⑵to teach は to不定詞の何詞用法ですか？

(答) 名詞用法

　it was〜は形式主語構文で、to teachは真主語になります。前にあるfor any teacherは to teach〜の意味上の主語ですから、to teachの作る名詞のカタマリは for any teacherからです（第14講参照）。

said [it was unlawful [for any teacher to teach any theory〜
　　V O形式S' V'　　　C'　　　真S'（意味上のS）　名│(原形)　　　　(O)

⑶下線部⑶の as はどのような使われ方のasですか？

(答) 名詞限定のas

　asの後ろを見ると taught in the Bibleと続いています。Sのない変な形になっていますから、省略が起きているのでしょう。ということは、このasは従属接続詞で「ように」という意味になりそうです。

　しかし！ 訳してみると、どうにもおかしいようです。「聖書で教えられるように、神の人類の創造の話を否定する理論」となりますが、聖書で教えられるのは「神の人類の創造の話を否定する理論」ではなく、「肯定する理論」のはずですね。意味を重視すると、「聖書で教えられるような神の人類の創造の話を否定する理論」と訳したいところです（「聖書で教えられるような」は「神の人類の創造の話」を修飾）。「ように」を「ような」と訳してもいいのでしょうか？

いいのです！ 実はここのasは名詞限定のasと呼ばれる用法で、asの作るカタマリが直前の名詞を修飾します！

名詞限定のas

訳 「〜ような名詞」
形① 名詞（as SV〜） ←asのカタマリがカンマで区切られることもある
└── 修飾する名詞を指す代名詞がある

Without it*, life (as we know it) would never have evolved on this planet.
*it は ozone「オゾン」のこと
(同志社大)

オゾンがなければ、私たちが知っているような生命は地球で進化しなかっただろう。

＊名詞 as we know it「私たちが知っているような名詞」「今のような名詞」は名詞限定のasを使った定型的な表現です。覚えておきましょう。

形② 名詞（as p.p.〜）／名詞（as 形容詞〜）
＊asの後ろに"代名詞＋be動詞"が省略されていると考えることができる。

And with this has come the fear of the loss of national identity (as represented in a shared national language and common values).
(東京大・要約問題の英文・文頭を大文字に改変)

そしてこのことには、共有された国語と共通の価値観に表されるような国家のアイデンティティが失われるのではないかという不安が伴っている。

＊With〜come S「〜とともにSがやってくる」「〜にはSが伴う」も復習しておきましょう（第8講参照）。loss ofの部分は名詞構文として動詞に書き換えて訳しています（第32講、33講参照）。

今回の the story of the God's creation of man as taught in the Bible は、形② 名詞 as p.p.〜 が使われています。**修飾する名詞はthe story（of the God's creation of man）「（神の人類の創造の）話」**です。「ような」と訳してもよい文法的な裏付けがとれましたから、自信を持って、**「聖書で教えられるような神の人類の創造の話を否定する理論」**と訳しましょう！（名詞構文が絡む部分の訳出は⑷で説明します）

なお、as p.p.〜という形はいつも名詞限定のasになるわけではありません。従属接続詞as「ように」になることもあります。「ように」なのか「ような」なのか、意味を考えて判断するようにしましょう。

⑷But in 1925〜最後までを訳しましょう。

㊙ アメリカのすべての主要な大学において、進化論は事実として受け入れられていた。

　しかし1925年には、いかなる教師であろうとも、神が人類を創造したという聖書で教えられるような話を否定するいかなる説も教えることは違法であるとする法案を、テネシー州のキリスト教徒が可決していた。

「〜と言う法案」ではさすがにおかしいですから、「〜とする法案」と少し工夫をして訳しました。

　2回出てくるanyは「**いかなる〜も**」という意味で、法律文書でよく使われます。

　the story of the God's creation of manは「**神の人類の創造の話**」と直訳をしてもかまわないでしょうが、「の」が多すぎて少しおかしく感じる人もいるでしょう。**「の」が連発する日本語訳になる時は、名詞構文が原因であることがよくあります。creationを動詞にして書き換えると、God(S) created (V) man(O)** となり、**「神が人類を創造した」**と訳すことができます。

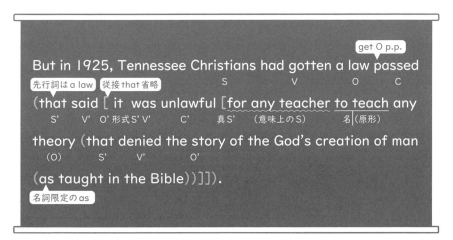

Code46
名詞限定のas「〜のような名詞」
形①名詞 as SV〜（as節中に名詞を指す代名詞）
形②名詞 as p.p.〜

形からasを攻略せよ！ ④

That same night, I wrote my first short story. It took me thirty minutes. It was a dark little tale about a man who found a magic cup and learned that if he wept into the cup, his tears turned into pearls. But even though he had always been poor, he was a happy man and rarely shed a tear. So <u>he found ways to make himself sad so that his tears could make him rich. As the pearls piled up, so did his greed grow.</u> The story ended with the man sitting on a mountain of pearls, knife in hand, weeping helplessly into the cup with his beloved wife's murdered body in his arms.

(九州大)

(1)下線部を訳しましょう。

第42講と同じように、視覚的なイメージを浮かべながら読もう。

Words and Phrases

wept weep「泣く」の過去形　　**shed a tear** 涙を流す　　**greed 名** 欲深さ
beloved 形 最愛の

Clue

下線部の2文めはasを使った重要構文。

解 答 と 解 説

(1)下線部を訳しましょう。

⊛ その同じ夜に、私は初めての短編小説を書いた。書き終えるのに30分か
かった。それはある男についての短めの暗い物語だった。その男は魔法の
カップを見つけ、カップの中に涙を流せば、涙が真珠に変わることがわ
かった。しかし、彼はずっと貧しかったものの、幸せな男で、めったに涙
を流すことはなかった。そこで、彼は涙を流してお金持ちになれるように、
悲しくなる方法をいくつも見つけた。真珠が積み上がっていくにつれて、
彼の欲深さも増大した。その物語は、男が山のように積み上がった真珠の
上にナイフを持って座りこみ、愛する妻の死体を両腕に抱きながら、カッ
プの中にどうしようもできず涙を流すシーンで終わった。

　　まず1文めのポイントはso thatです。**前にカンマがありません**から、
「〜ために」「〜ように」の訳から考えましょう（第21講参照）。

　　難しいのは2文めAs the pearls〜です。このAsは何でしょうか？ このso
の意味は何でしょうか？ soの直後のdidは何でしょうか？ 謎だらけです。

　　実はこのasは熟語のような決まった言い方として覚えるべきasで、
(Just) As S'V'〜, so SV…という形で覚えておくべき構文なのです！

(Just) As S'V' 〜, so SV…

> 形 (Just) As S'V'〜, so SV…
> 　　　　　　　　　　└─ 疑問文の語順（倒置）になることもある
> 訳 ①「〜ように、…」
> 　 ②「〜つれて、…」
> ＊soは訳さない！
>
> 従属接続詞asの訳5つを2つに絞ってくれる構文であると考えると、こ
> のsoのありがたみを感じますね。例文を見ておきましょう。
> **Just as** a car could not run if there were no machine inside
> it translating gasoline into movement on wheels, **so** no
> thought or action that takes place in milliseconds could
> work so fast if there were no mechanism behind it. （東北大）

もしガソリンを車輪の動きに変換する機械が内部になければ、自動車は走ることができないのとまったく同じように、ミリ秒単位で生じる思考または行動は、その背後に仕組みが何も存在しなければ、それほど速いスピードで機能することはできない。

Just as it is wrong to think that being old means being weak, lonely, and poor, so too is it wrong to think that old people should be able to do things like run marathons.

（慶應大・内容一致問題の選択肢）

高齢であることは弱く、孤独で、貧しいことであると考えるのが間違っているのとまったく同じように、高齢者はマラソンを走るようなことができるはずだと考えるのも間違っている。

＊soの後ろにtooが使われることもよくあります。is itの部分は倒置。

As the world globalizes further at an increasingly rapid pace, and as major migrations of people, especially from the southern to the northern hemisphere, continue, so the problems and too often the frictions increase.

（大阪大・文末をピリオドに改変）

世界がますます速い速度でさらにグローバル化していくにつれて、そして特に南半球から北半球への人の大規模な移住が続くにつれて、そういった問題は増え、そういった軋轢も増大することがあまりに多い。

＊2個めのas節のSは major migrations（of people）、Vは continue。「カンマで挟まれているから挿入」などと考えないよう注意！（第5講参照）

この構文の知識があれば、先ほどの3つの疑問が解けます！

このAsは何でしょうか？

→（Just）As S'V'〜, so SV…構文のAsです（従属接続詞なのですが、決まった構文として覚えてしまえば訳が2つに絞れます）。

このsoの意味は何でしょうか？

→従属接続詞Asの訳を2つに絞ってくれる構文上の目印にすぎず、訳さないと覚えておきましょう。

soの直後のdidは何でしょうか？

→倒置になっており、疑問文を作るdidです。

今回の文では「**つれて**」の意味で使われています。As 節に piled up「積み上がる」、主節（so の後）にも grow「増大する」という「増」を表す表現があります。さらに、「彼の欲深さが増大した結果の最終的な到達点（＝妻の殺害）」を表す次の文の内容とのつながりを考えても、「つれて」が適切です。

最初の he found ways の ways は、複数であることがはっきりわかるように「**方法をいくつも見つけた**」と訳しています。1つの方法では飽き足らず、もっと真珠が欲しくて、次々に新しい方法を見つけてエスカレートしていく内容をはっきりと示したいからです。

ちなみにですが、今回の so のような訳す必要がないものを含む構文として、If S'V'〜, then SV…「**もし〜ならば、…**」も覚えておきましょう。**then は if 節に対する主節を示す目印にすぎず、日本語に訳す必要はありません。**

（構造上難しいポイントがあるので、下線部の次の文も含めています。）

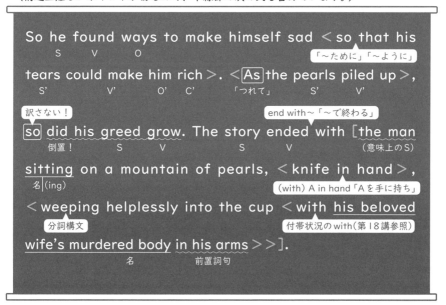

Code47

(Just) As S'V'〜, so SV…　①「〜ように…」
　　　　　　　　　　　　　　　②「〜つれて…」

It is X that〜の判別 ①

次の英文は長文問題の第Ⅰパラグラフ、冒頭からの抜粋です。

> Since parents control who sleeps where, it is their everyday beliefs that decide sleeping arrangements. In those cultures in which the prime parental goal is to integrate children into the family, the household, and society, babies are held close at hand, even during the night. It is primarily in those societies (mostly in the industrialized West, especially in the United States) where a premium is placed on independence and self-reliance that babies and children sleep alone.　（神戸大）

(1) that について適切なものを選びましょう。
　① 従属接続詞の that で名詞節
　② 従属接続詞の that で副詞節
　③ 関係代名詞の that で形容詞節
　④ ①から③に正解なし

(2)下線部を訳しましょう。

> 英語を日本語に訳すことは時に大きな困難を伴うが、書いていることを理解した上で訳す姿勢を大切にしてほしい。

Words and Phrases

integrate 動 を溶け込ませる　**close at hand** 近くに　**industrialized 形** 工業化した　**place a premium on〜** 〜を重視する　**self-reliance 名** 自立

Clue

(1)it が指すものが前にない。

解 答 と 解 説

(1) | that | について適切なものを選びましょう。

㊜ ④ ①から③に正解なし

　Since の作る副詞節を直訳すると、「**親が誰がどこで眠るかを管理するので**」という意味です。**where** は1語で、「**どこで**」という意味の副詞で使われています。

　では主節（it is 以降）を読んでいき、that の正体を突き止めましょう。that の直後を見ると、V である decide が続いています。つまり S のない不完全な文が続いていますから、関係代名詞の that なのでしょう……

　ちょっと待ってください！ 訳してみると、「**親が誰がどこで眠るかを管理するので、それは眠る場所の配置を決める親の日頃の考えである**」となりますが、it「それ」が何を指している代名詞なのか不明ですね。ここで S の位置にある it から検討すべき可能性を確認しておきましょう。

S の位置の it

①前出の単数名詞や内容を指す it　　　←「それ」と訳す
②天候・時間・距離・状況などを表す it　←「それ」と訳さない！
③形式主語の it　　　　　　　　　　　←「それ」と訳さない！
④強調構文の it　　　　　　　　　　　←「それ」と訳さない！
＊特に形式主語の it と強調構文の it を「それ」と訳す間違いが多い！

　it を「前出の単数名詞や内容を指す it」と判断し、訳がおかしくなってしまいましたから、他の可能性を考えてみましょう。今回の英文は it is X that〜という形になっていますね。この形は **X に何が入るか次第で、it がどれになる可能性が高いのかの判別ができます**から、覚えておきましょう。

It is X that〜の解釈の判別の基本指針

It is 形容詞 that〜 ←形式主語。従属接続詞 that で名詞節（真S）を作る
It is 副詞 that〜　 ←強調構文。強調構文を作る that
　──── 副詞句（前置詞句）や副詞節が置かれる形に注意！

> {
> It is 名詞 that 完全文 ←形式主語。従属接続詞thatの後ろは完全文
> It is 名詞 that 不完全文 ←強調構文。
> }
> ┗━━it isとthatの間に置かれた名詞が1つ欠けた文

> It is of such common domestic frustrations, if not absolute
> failures, that everyday inventions are born. （京都大）
> 日常的な発明品が生まれるのは、完全なる機能不全ではないにしても、家
> 庭でよくあるそういった不満からである。
> *it is 副詞（前置詞句）that～の形。元はEveryday inventions are born of such common
>   domestic frustrations,～という文。It isとthatの間に目立たせるためのステージを作り、
>   副詞句of such～をステージに移動した。
> *if notはここに掲載していない文脈から考えると「BではないにしてもA」になる（第39講参
>   照）。

今回の文はit is 名詞 that 不完全文（Sなし）の形になっていますね。強調構文を考えてみましょう！

it is their everyday beliefs that decide sleeping arrangements
　　　　　名詞　　　　　　　　　→Sのない不完全文！

元はtheir everyday beliefs(S) decide(V) sleeping arrangements(O)という文です。it isとthatを使って目立たせるためのステージを作り、Sである名詞their everyday beliefsをステージに移動したと考えます。このメカニズムを知れば、なぜ強調構文はit is 名詞 that 不完全文（名詞が1つ欠けた文）の形になるのかわかりますね。

元の文　their everyday beliefs decide sleeping arrangements
　　　　　　　　　　　　 S　　　　 V　　　　　　　 O

強調構文　it is their everyday beliefs that decide sleeping
　　　　　　　　　　　　　 S　　　　　　　　　 V

arrangements
　　O

訳をチェックしておきましょう。「**親が誰がどこで眠るかを管理するので、眠る場所の配置を決めるのは親の日頃の考えである。**」となります。いいですね！

強調構文で使われるthatは「強調構文を作るthat」で、問題の正解は④「**正解なし**」としています。関係代名詞のthatであるとする見方もあり、**it isとthatの間に置かれるものが「人」だったらwhoになったり、「人以外」な**

らwhich になったりと、確かに関係代名詞に似ているところがあります。しかし本書では、**「強調構文を作る that」** として関係代名詞のthatとは別に扱うことにします。英語を読む上では、そちらの方がわかりやすいからです。

⑵下線部を訳しましょう。

 親が誰がどこで眠るかの決定権を持つので、眠る場所の配置を決めるのは親が日頃から持っている考えである。最も重要な親の目標が、家族、一緒に住む人々、そして社会に子どもを溶け込ませることである文化では、夜の間でさえも、赤ちゃんはすぐ近くに置いておかれる。赤ちゃんや子どもが一人で寝るのは、主には独立と自立が重視される社会(主に工業化した欧米諸国、特にアメリカ)である。

　強調構文(It is〜that…)の訳は、① 「…のは〜」(強調されているものを最後に訳す)、② 「〜こそ…」(「こそ」をつけて強調)、③元の文に直して訳す(①と②でうまくいかない時)の3パターンを知っておくとよいでしょう。とにかくItを「それ」と訳さないことが大切です。

　controlは「管理する」でもいいでしょうが、「決定権を持つ」と工夫して訳しました。また、their everyday beliefsも「親の日頃の考え」でもOKですが、所有格theirを「親が持っている」と訳しました。またsleeping arrangementsはSince節の内容と後ろに続く文の内容から、「眠る場所の配置」(=子どもがどこで眠るのか)のことであると考えましょう。

　最終文It is primarily in those societies〜that…も強調構文で、It is 副詞(前置詞句)that〜の形です。whereは関係副詞でsocietiesが先行詞です。

強調構文!

< Since parents control [who sleeps where]> , it is their
　　　　S'　　　　V'　　　O'S'　　V'

everyday beliefs that decide sleeping arrangements.
　　名詞S　　　　→不完全文 V　　　　　　　　O

Code 48　　**強調構文のItを「それ」と訳さないように注意!**

It is X that〜の判別 ②

> I was particularly interested in understanding why magic works, so I read books on psychology, which I hoped would give me a deeper understanding of how to trick the mind. <u>It was this desire to discover more powerful ways of hacking the mind</u> that <u>led me to study psychology at university.</u>
>
> （兵庫医科大）

(1) 下線部 that について適切なものを選びましょう。

① 従属接続詞の that で名詞節

② 従属接続詞の that で副詞節

③ 関係代名詞の that で形容詞節

④ ①から③に正解なし

(2) 下線部を訳しましょう。

英文解釈の思考を学ぶと同時に、よく使われる形も意識して覚えてほしい。高頻度の形をインプットしておくことで、文構造を予測する際に的中率が上がるんだ。

Clue

(1) 第48講で学んだ内容で解決できる。

解答と解説

(1)下線部 |that| について適切なものを選びましょう。

(答) ④ ①から③に正解なし

　thatの後ろがSのない**不完全な文**になっていることから、関係代名詞のthatで the mind が先行詞であると考えてしまっていないでしょうか？ まず結論から言うと、**間違いです！** なぜ間違いなのかは意味の面から説明することができます。訳してみると、**「それは、私を大学で心理学を研究することにさせた心に侵入して操る、より有効な方法を見つけたいというこの願望であった。」**となります。よくわからない訳になってしまいますね。

　ではどう読めばよいのでしょうか？ このItは第48講で学んだSの位置のitの可能性のうちのどれなのでしょうか？ さあ種明かしをしますよ。this desire を修飾する to 不定詞の形容詞用法のカタマリが長いので気づきにくいのですが、**It was 名詞 that 不完全文**の形になっていますね。そう！ **強調構文**で読むことができるのです！ 訳も問題ありませんね（(2)の解答参照）。

> |It was| this desire (to discover～) |that| led me to study～
> 　　　　　　名詞　　　　　　　　　　　　　　　　　→Sのない不完全文！

　ここまでは第48講で学んだ内容でしたが、さらにもう一段階次のレベルに進みましょう。実は今回の文では、最初の段階で関係代名詞thatの読み方が浮かぶべきではありません！ It was this desire まで読んだ時点で、**「たぶん強調構文だろうな」と予測できている**のが理想なのです。

　「たぶん強調構文だろう」と予測できるのは、今回の英文が、**よく使われる強調構文のパターン**に当てはまっているからです。よく使われる形を知っておくと英語を正確に速く読めるようになりますから、覚えておきましょう！

強調構文のよく使われる形

> 強調構文は**「唯一性」**や**「対比」**を表す表現と相性が良い。
> It is only～that… ← onlyの後ろは副詞が置かれることも多い
> It is this～that…
> It is not A but B that… ／ It is B, not A, that…
> It is not only A (but also B) that … ←「唯一性」の否定

　今回の文は、**it is this〜that…**の形になっており、強調構文がよく使われる形なので、It is this desire を見た時点で、「たぶん強調構文だろう」と予測ができるのです！「予測」ができればその後ろは「確認」になるので、読解スピードも上がりますね。

(2)下線部を訳しましょう。

㊐ なぜマジックがうまくいくのかを理解することに特に興味があったので、私は心理学についての本を何冊か読んだ。なぜなら、心理学の本を読むことで、心を騙す方法についてより深い理解が得られることを期待したからだ。心に侵入して操る、より有効な方法を発見したいというこの願望こそが、私が大学で心理学を研究することにした動機であった。

　hackingの意味を推測する際には、this desireのthisに着目しましょう。直前の内容に指示対象があるはずです。直前に「願望」を探してみると、which I hoped would give〜の部分が見つかります。hopeは「願望」を表していますね（連鎖関係代名詞節（第27講参照）であることも注意しましょう）。hackingはtrickと同じ意味だろうと推測ができますね。

　hackingは「不正に侵入する」という意味です（「コンピュータをハッキングする」の「ハッキング」です）。「心に侵入して操る」と訳しましたが、trickと同じ意味だという推測から、「心を騙す」と訳してもよいでしょう。

　S lead O to do〜は「Sが原因でOが〜する」という因果関係を表します。

　＊連鎖関係代名詞節の部分も文構造を示しておきます。

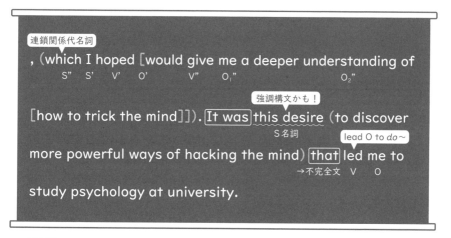

 It is this〜that…は強調構文の可能性が高い!
onlyやnot A but B, not onlyも強調構文の目印になる

It is X that〜の判別 ③

As we put ever more of our lives into the Cloud and on storage devices like external drives, tablets, and smartphones, we place bits and pieces of our culture there as well: music, art, literature, maps, videos, and photos. These are all artifacts of our culture. The problem with this data storage is that it is changing all the time and with every significant change there is always the possibility of losing data. (中略)

Such loss of our digital culture could make it difficult for those in the future to understand how we lived. This is because <u>it is the small bits and pieces of a culture (a) that we barely think about (b) that often deliver the greatest clues and insights to archeologists and anthropologists studying past cultures.</u>

（九州大）

(1) (a) that と (b) that について適切なものをそれぞれ選びましょう。

① 従属接続詞の that で名詞節　　② 従属接続詞の that で副詞節

③ 関係代名詞の that で形容詞節　　④ ①から③に正解なし

(2)下線部を訳しましょう。

抜粋している量は多いが、面倒くさがらずに読んだ上で訳してほしい。

Words and Phrases

artifact 名 人工遺物　**insight** 名 洞察　**archeologist** 名 考古学者

anthropologist 名 人類学者

Clue

(1)文構造と意味の両立を目指そう。

解 答 と 解 説

(1) ₍ₐ₎ | that | と ₍ᵦ₎ | that | について適切なものをそれぞれ選びましょう。

㊜ (a) ③ 関係代名詞の that で形容詞節

　　(b) ④ ①から③に正解なし（強調構文の that）

　it is と that の間に名詞 the small bits and pieces (of a culture) がありますから、that の後ろが完全文か不完全文か確認してみます。about の後ろに名詞がありませんから、**不完全な文**になっています。つまり強調構文の可能性が高いと判断できますね。では次に進みましょう。

　何とまたしても that があります！ この that の後ろも S がない不完全な文になっていますね。一体どうなっているのでしょうか？

　ここでは、**片方の that が強調構文を作る that で、もう片方の that は関係代名詞になります**。"it is 名詞 that 不完全文 that 不完全文" という形になっていますが、どちらの that が強調構文を作る that で、どちらの that が関係代名詞の that なのでしょうか？

　答えを言いましょう。₍ₐ₎that が関係代名詞の that で、₍ᵦ₎that が強調構文を作る that です。

　（○）| it is | the small bits and pieces of a culture (₍ₐ₎**that** we
　　　　　　　　　S 　　　　　　　　　　　　　　　　　　　　　　　関係代名詞

barely think about) ₍ᵦ₎| **that** | often deliver〜
　　　　　　　　　　→不完全文（S なし）　　　　V

　"It is 名詞 that 不完全文 that 不完全文" という形では、今回のように、1 つめの that が関係代名詞で、2 つめの that が強調構文を作る that であることが多いようです。しかし**絶対的なルールではありませんので、文構造と意味の両方が成立することを確認するようにしましょう！**

　ちなみに今回の英文とは関係ありませんが、強調構文の注意が必要な形として、疑問詞の強調構文もチェックしておきましょう。

疑問詞の強調構文

(2)下線部を訳しましょう。

㊁ 私たちがクラウド上や、外付けドライブ、タブレット、スマートフォンなどのストレージデバイスに生活のますます多くを保存していくにつれて、私たちの文化のこまごまとしたものもそこに置かれる。音楽、芸術、文学、地図、動画、写真などのことだ。これらはすべて私たちの文化の人工遺物である。こういったデータ保存の問題点は、データの保存場所は常に変化しており、大きな変化があるたびにデータを失う可能性が常にあることだ。（中略）

　そのように私たちのデジタル化された文化が失われれば、私たちがどのように生活していたかを未来の人々が理解するのが難しくなるだろう。これはなぜなら、私たちがほとんど考えることがない、文化のこまごまとしたものこそが、過去の文化を研究する考古学者と人類学者に最大の手がかりと洞察を与えてくれることが多いからだ。

it is the small bits and pieces of a culture (that we barely
　　　　　　名詞　S　　　　　　　　　　　　　　　　　関代　S'
think about) that often deliver the greatest clues and insights
　V'　　　　　　　→不完全文　　　V　　　　　　　　　　　O
to archeologists and anthropologists (studying past cultures).
　　　　　　　　　　　　　　　　　　　　　　現在分詞の形容詞用法

Code 50 It is 名詞 that…that～の形に注意！ 文構造と意味から、どちらが強調構文を作る that なのか判断する！

読む前に設問をチェックせよ!

　153ページで紹介した、本文を読み始める前にやるべき2つのことのうち、今回は②設問チェックの説明をします。本文を読む前に設問チェックをしている人も、何をチェックすればよいのか曖昧なまま確認してはいませんか? 設問チェックは、速く正確に解く、**つまり効率よく解くために行います**。英語長文問題は読みながら解き、読み終わった時=解き終わった時を目指すことが大切です。これを実現するために設問チェックを行います。

　設問チェックの際は、すべての設問に細かく目を通す必要はありません。まずは「**アナウンスあり問題**」か「**アナウンスなし問題**」かを区別できれば十分です。クイズ番組を見ていると、問題を出す前に「問題です。」とアナウンスしてくれますよね。英語長文問題の設問には、本文中でそのアナウンスをしてくれる設問と、してくれない設問があるのです。

「アナウンスあり問題」は、文中に空所がある文中空所補充問題や、文中に下線が引いてある説明問題や和訳問題です。本文を一生懸命読んでいたら「問題です。」とお知らせがありますので、設問に関係しているとわかります。丁寧モードに切り替えましょう。

　注意が必要なのは**「アナウンスなし問題」**です。例えば内容一致問題がそうです。ここでは「以下の10個の選択肢のうち3つ適切なものを選びなさい。」といった複数選択肢を選ぶ問題を例に考えてみましょう。**本文を一生懸命読んでいるだけでは、内容一致問題で問われている箇所に気づくことができません。**読み終わった後に選択肢を見て、該当箇所を探し、読み直す必要があります。これが時間のロスにつながり、速く解く妨げとなります。

　内容一致問題の選択肢の順は、本文の内容の順と同じであることがほとんどです。本文を読みながら解きやすいように作られていることが多いのです。複数選択肢を選ぶ内容一致問題があるとチェックできたなら、**1つめの選択肢にだけ目を通しましょう。その後に本文を読み、1つめの選択肢に関わる内容が出てきたら**「問題です。」と自分でアナウンスをして、丁寧モードに切り替えます。そして問題が解けたら2つめの選択肢に目を通す……これを繰り返します。このように解くことで、**効率よく問題を解くことができ、速く解き終える**ことができます!

突然の変な語順に対応せよ!

It is thought that (1)‾some people‾ now considered the greatest geniuses in history would have been diagnosed as autistic (2)‾had‾ they lived in the twenty-first century, for example Newton, Mozart, and Einstein.

(北海道大)

(1) ‾some people‾ は that 節で最初に出会う前置詞のつかない名詞なのでSになります。ではVは何ですか?

(2) ‾had‾ について適切なものを選びましょう。
　①過去形の had
　②過去分詞形の had
　③過去完了を作る had

(3)下線部を訳しましょう。

残り10講だ。タフな内容が続くが、これまでに学んだことを総動員しながら、最後まで頑張ろう!

Words and Phrases

genius 名 天才

Clue

(1)(2)**V2つめOKサインのルール**を守れるように読もう。

解答と解説

(1) some people は that 節で最初に出会う前置詞のつかない名詞なので S になります。では V は何ですか?

(答) would have been diagnosed

considered を過去形で V と考えていませんか? 読み進めていくと、would have been diagnosed に出会います。would は助動詞なので、would have been diagnosed は必ず V(述語動詞)になりますね(第19講参照)。considered も V ならば、V2つめ OK サインが必要になりますが、省略の可能性(第19講参照)も含め見つかりません! 読み間違っています!

V2つめ OK サインが見つからないのであれば、V の数を減らすしかありません。would have been diagnosed は助動詞 would がついているので必ず V になります。では considered を準動詞にして読むことは可能でしょうか? 可能ですね! considered が過去形ではなく過去分詞形で使われており、some people を修飾する過去分詞の形容詞用法になっているのです!

some people (now considered the greatest geniuses in history)
　　　　S　　　　　　　形 | (p.p.)　　　　　　　　　　　(C)
would have been diagnosed ～
　　　　　　V

(2) had について適切なものを選びましょう。

(答) ③過去完了を作る had

diagnosed の後ろにある as は、diagnose O as C「O を C と診断する」という語法で使われる as で、この文のように受動態で使われることが多い表現です。as の後ろには形容詞 autistic が置かれています(第44講参照)。

その後に続く had they lived に出会って「ドキッ!」としますね。they は主格の代名詞ですから S になり、lived が V でしょう。では they lived の存在を許す V2つめ OK サインはどこにあるのでしょう? また、had は何者なのでしょう? 接続詞も疑問詞も関係詞も書かれているものは見つかりませんから、V2つめ OK サインの省略ルールを考えてみましょう。V2つめ OK サインの省略ルールは①従属接続詞 that の省略 ②関係詞の省略 ③仮定法 if 省略の3つでしたね。この3つのうちのどれかで読むことはできるでしょうか?

hadとtheyの間に従属接続詞thatが省略されていると考えることはできません。hadのSが見つかりませんし、have that SV〜という形はないからです！ 従属接続詞thatを目的語にとることができる動詞は基本的に、「思う」「言う」「わかる」といった意味の動詞に限られます（第23講参照）。関係詞の省略も、**名詞（＝先行詞）＋SV〜**の形になっていないから違います。

　仮定法ifの省略と考えるのはどうでしょうか？ ifを省略すると疑問文の語順（倒置）になるはずですね……。**なっています！** had they livedはthey had livedを疑問文にした形です。さらに、**仮定法なら主節に助動詞の過去形があるはず**ですが、どうでしょう？ ……**ありますね！ would**があります！

　仮定法のifが省略され、倒置になっているのです！ ifを使って書くと以下のような仮定法過去完了の文でした。

some people now considered the greatest geniuses in history would have been diagnosed as autistic **if they had lived in the twenty-first century**

　仮定法の文構造把握が最も困難になるのは、今回の文のように、「**仮定法のif省略による倒置が起き、さらにその倒置が主節の後ろ側に置かれ、さらに主節との切れ目にカンマがない形**」です！

仮定法if省略による倒置の英文

名主節の前で倒置　←気づきやすい
Had he been told they were of Chinese origin, he would not have been surprised.　　　　　　　　　　　　　　　　（学習院大）
もしそれらが中国由来のものであると言われたとしても、彼は驚かなかっただろう。
＊ifを使うとIf he had been told they〜。ifは「〜ならば」だけでなく「〜としても」という訳になることもある。

名主節の後ろで倒置（カンマなし）　←難しい！
Both male and female players received a brain assessment before the season began, and will undergo follow-up examinations should they experience a head injury.
　　　　　　　　　　　　　　　　　　　　　　　　　　　　（早稲田大）

男子選手も女子選手も両方が、シーズンが始まる前に脳機能評価を受けた。そして、頭部外傷を負うことがあれば、追跡検査を受けることになる。

＊ifを使うとif they should experience a head injuryとなる。shouldを使った仮定法では、主節に助動詞の過去形だけでなく、助動詞の現在形が使われたり、命令文になったりすることも多い。

「主節の後ろでif省略の倒置が起き、しかもカンマがない」という非常に難しい形に、どう気づけばよいのでしょうか？ ひとつは解説で丁寧に検討したように、V2つめOKサインのルールを守ろうとする姿勢を徹底することです。ここを適当に処理していては、英語を正確に読むことはできません。さらに、このような難しい形があるということを知っておくことも大切です。

(3)下線部を訳しましょう。

(答) 例えばニュートン、モーツァルト、アインシュタインなど、歴史上最も偉大な天才であると現在考えられている人の中には、21世紀に生きていたならば、自閉症と診断されたであろう人もいると考えられている。

some peopleに過去分詞の形容詞用法がついていますから、「～な人の中には…する人もいる」と訳しています（第32講参照）。

It is thought that～「～だと考えられている」

It is thought [that some people (now considered the greatest
形式S V 真S S' 形 | (p.p.)

geniuses in history) would have been diagnosed as autistic
(C) 仮定法if省略！倒置！ V' C'

< had | they | lived in the twenty-first century > , for example
       S' V'

Newton, Mozart, and Einstein].

 Code51
主節の後ろで仮定法if省略で倒置が起き、カンマもない形に注意!
V2つめOKサインのルールを守ろう!

ねらわれがちなotherwise

The school day has grown longer, and now there are renewed calls to extend the school year. Along the way, opportunities for free play within the school day have largely been eliminated. <u>"Not only has the school day grown longer and less playful, but school has intruded ever more into home and family life. Assigned homework has increased, eating into time that would otherwise be available for play."</u>

（東北大）

(1)波線部のSVを指摘しましょう。

(2)波線部（Not only～）＋下線部（but school～for play.）を訳しましょう（""がついているのは、ある本の内容の一部を引用しているからです）。

> 本書は難関大で繰り返し出題される事項しか扱っていない。
> 必ず力になるから、繰り返し復習してほしい。

Words and Phrases

call 名 要望　**along the way** その過程で　**eliminate** 動 を削除する
intrude 動 立ち入る　**assign** 動 を課す

Clue

(2)otherwiseがポイント

解答と解説

(1)波線部のSVを指摘しましょう。

㊨ S:the school day   V:has grown

　Not onlyで英文が始まっている時点で「疑問文の語順（倒置）になりそうだ」と予測できたでしょうか（第9講参照）？ the school dayがS、has grownがV、longer and less playfulがCです（grow C「Cになる」）。ちなみに**not only A but also Bのalsoは省略される**ことがよくあります。

(2)波線部（Not only〜）＋下線部（but school〜for play.）を訳しましょう。

㊨ 学校で過ごす1日の時間が前より長くなり、今では、授業のある期間を延ばそうという要望も新たに高まっている。その中で、学校で過ごす時間内に自由に遊ぶ機会は大きく減らされた。**「学校で過ごす1日の時間が前より長くなり、遊ぶ時間が減っただけでなく、学校はいっそう家庭生活に入り込むようにもなった。与えられる宿題が増え、宿題が増えていなければ遊ぶのに使えたであろう時間を侵食している。」**

　less playfulは前文の内容を踏まえると、**「遊ぶ時間が減っている」**という意味でしょう。" "で挟まれた人の発言や本の引用部分は、前文と「同じ」流れの内容になることが多いと覚えておくと、訳語の決定や未知語の推測などに役立ちます。

　2文目に含まれるotherwiseの訳出が最大のポイントです。まずotherwiseの意味は3つ覚えておくべきで、otherwiseのwiseはwayと同じ意味であることを知っておくと暗記の助けになります。**way**には①「道」②「方法」③「点」の3つの意味がありますね。**other＋way**で以下の3つの意味が生まれると覚えましょう。

otherwiseの意味3つ

①「そうでなければ」　←「他の道を進めば」
②「他の方法で」「違ったふうに」
③「他の点では」

①「そうでなければ」は**if節に相当する意味**なので、仮定法のif節の代わりに使われることがあります。今回の英文のotherwiseはこれです！仮定法の目印である助動詞の過去形wouldもありますね！ 仮定法の目印はifではなく、助動詞の過去形です。その証拠にifは省略可能ですね（「should仮定法」では、主節に助動詞の過去形がないことがよくあることに注意）。

　助動詞の過去形は「過去」を表すばかりではありません。「仮定法」で使われたり、「控えめ（丁寧）」にするために使われたりすることなどもあります。過去の話の文脈でない時は、仮定法や控えめ（丁寧）などを疑うようにしておきましょう。

　さて、直訳をすると**「そうでなければ遊ぶのに使えたであろう時間」**となりますが、「そうでなければ」が意味することがわかりにくいので、ここでは具体化して訳してあげるとわかりやすい日本語訳になります。ここのotherwise「そうでなければ」は、「与えられる宿題が増えていなければ」ということです。**otherwiseが具体的に何を意味するのかを問う問題は、記号問題でも記述問題でも定番です。**「具体的にどうでなければ」なのかを考える習慣をつけておきましょう。

　仮定法のif節に相当するotherwiseが文頭で使われる形や、;（セミコロン）の後ろで使われる形は難しくありません。文法問題集などでよく目にしますね。しかし今回のように文中で使われる形（S 助動詞過去形 otherwise V）になると、間違いが増えます。この形を見慣れないことがその理由のようですから、if節に相当するotherwiseの使われ方にこのような形があることを覚えておきましょう。また、今回の文のように、**関係代名詞節中で**otherwiseを使った仮定法が使われるのもよくある形です。

　仮定法if節に当たる働きをすることがあるのはotherwiseだけではありません。without～やbut for～「～がないならば」は有名ですね。ここではあまり見慣れない形を見ておきましょう（ifを使ってはっきりと条件部「もし～」を表さないので、「潜在仮定法」や「潜在条件」と呼ばれることもあります）。

仮定法のif節に相当するものを含む英文（潜在仮定法）

波線部がif節に相当する部分。**助動詞の過去形**を目印に仮定法の可能性を思い浮かべ、if節のように訳せる部分を見つけられると、より綺麗な訳にできます。

While giving up white paper towels **would**n't be such a sacrifice, giving up office paper **would** be a major loss.

（慶應大）

白いペーパータオルを使わなくなったとしてもそれほどの犠牲にはならないだろうが、事務用紙を使わなくなったとすれば、大きな損失となるだろう。

＊主語がif節に相当する。

It is hard for us even to imagine how our day-to-day life **would** change in the complete absence of writing.

（慶應大・文頭を大文字に改変）

書き言葉が完全になくなってしまったら、私たちの毎日の暮らしはどのように変化するのかは、私たちには想像することさえ難しい。

＊前置詞句がif節に相当する。

Given the choice, I **would** have spent more of my Minnesota summers in the water than out of it.

（名古屋大）

選択肢を与えられたならば、ミネソタで過ごした夏のもっと多くを、水の外ではなく水の中で過ごしただろう。

＊分詞構文がif節に相当する。

否定の副詞語句先頭！

"Not only has the school day grown longer and less playful,
　　　　　倒置！　　　　　　S　　V　　　　　　　C
but school has intruded ever more into home and family life.
　S　　　　V　　　　　ever 比較級「ますます［いっそう］比較級」
Assigned homework has increased, ＜ eating into time (that
　　　　　　　　　S　　　　　V　　　　　　分詞構文　　　　　　S'
仮定法！
would otherwise be available for play)＞."
　　　　　　　　V'　　C'

「そうでなければ」if節に相当！

---

otherwise「そうでなければ」は仮定法if節に相当することがある！
助動詞の過去形から仮定法であることに気づこう！

thanとasの後ろでは……

> In New Guinea there are literally thousands of languages, some of which are spoken in just a few valleys and are as different from the languages of the next valley as English is from French.　（旭川医科大）

(1)訳しましょう。

比較は英文解釈だけでなく、英作文でも間違いが多くなる単元だ。まずは基本メカニズムを理解しておこう。

Clue

省略が起きている。

解答と解説

(1)訳しましょう。

㈠ ニューギニアには文字通り何千もの言語があり、その中にはほんの少数の谷でだけ話され、英語がフランス語と違っているのと同じほどに隣の谷の言語と違っているものもある。

some of whichのwhichは関係代名詞で、先行詞はthousands of languagesです。", some of which～"や", one of whom～"など、", 数量 of which[whom]～"はよく使われる形です。

最大のポイントは最後のEnglish is from Frenchの部分です。この部分を、**「英語がフランス語由来である」**や**「英語がフランス語から生まれている」**と訳してしまっていませんか？ **それは間違いです！** ではどう読むべきなのかを解明していくために、まずは原則的な比較の文の作り方から確認しておきましょう。

比較の文の原則的な作り方

as～as…（同等比較）も比較級を使った文も、**共通の「基準となる形容詞（副詞）」を持った2つの文から作ります。**例えばGatsby is richer than Tom.という文ならば、「比較の基準」richを共通して持ったGatsby is rich.という文とTom is rich.という2つの文から、以下のプロセスで作られています。

①Gatsby is rich.のrichを比較級にする
　Gatsby is <u>richer</u>. Tom is rich.
②従属接続詞thanを使って1つの文にする
　Gatsby is richer **than** Tom is rich.
③thanの後ろで比較の基準は繰り返さない！ 必ず省略する！
　Gatsby is richer than Tom is ~~rich~~.
④同一語句の繰り返しになるところは省略してもよい
　Gatsby is richer than Tom (is). ←isは省略してもしなくてもよい
＊isを省略するとthanの後ろはTomだけになり、**前置詞のように見えますね。事実、thanは前置詞として機能することもあります。**例えば「彼より」は、than heよりもthan himと書かれる方が普通です。

上に見た③と④のプロセスで省略が生じているのがポイントです。では次に、asの後ろ、thanの後ろで生じる省略についてまとめておきましょう！

asの後ろ、thanの後ろで生じる省略

asの後ろ、thanの後ろでは、①比較の基準の省略（←必ず省略）、②同一語句の繰り返しによる省略が生じるので注意！
以下の英文で省略が起きている箇所には△を置いています。

Despite that relatively small change in temperature, sea levels may have been 10 feet higher than they are △today.

（同志社大）

そのような比較的小さな気温の変化であったにもかかわらず、海面は現在よりも10フィート高かったかもしれない。

＊比較の基準であるhighが省略されている。be動詞のCが省略された時、be動詞が第1文型（SV）で使われていると勘違いしないよう注意！

同一語句の繰り返しの部分では代動詞が使われたり、倒置が起こることもあります（第45講の従属接続詞as「ように」参照）。

In 2011, Americans took in five times as much information every day as they did in 1986 — the equivalent of 175 newspapers.

（一橋大・文頭を大文字に改変）

アメリカ人は2011年には、1986年と比べて毎日5倍の量の情報を取り込んでいた。これは新聞175紙ぶんに相当する量である。

＊ did は took in much information every day を表す代動詞。

　さあ！ 前置きが長くなりましたが、今回の文の正しい読み方を解明していきましょう。English is from Frenchという見た目だけで、isが第1文型（SV）で使われていると判断してはいけません！ なぜなら、as～as…構文の「…」の部分では、比較の基準の省略が起きる**からです！ as～as…構文の比較の基準は1個目のasがつけられたものになります。今回の文ではdifferentが比較の基準ですね。元は以下の2つの文があり、①～③のプロセスで作られたと考えられます（some of whichのwhichはthemに変えています）。

元の2文 （differentが比較の基準）

(a) Some of them are **different** from the languages of the next valley.

(b) English is **different** from French.

226

① (a) の文の比較の基準differentに副詞as「同じくらい」をつける

Some of them are <u>as</u> different from the languages of the next valley.

②従属接続詞asを使って1つの文にする

Some of them are as different from the languages of the next valley <u>as</u> English is different from French.

③従属接続詞asの後ろで比較の基準は繰り返さない！ 必ず省略する！

Some of them are as different from the languages of the next valley as English is ~~different~~ from French.
＊今回は同一語句の繰り返しによる省略は生じていません。

　元はEnglish is different from French. という文だったんですね。つまり、**このisは第2文型（SVC）の動詞なのです！** 以上のことから、**「英語がフランス語と違っている」**と訳さなければならないとわかりましたね。

　省略は学習者が特に苦手とする項目です。省略に対処するには**文構造や意味の違和感**も大切ですが、**省略が生じる場所を知っておくことも大切です。thanやasの後ろは省略が生じる場所であることを覚えておきましょう！**

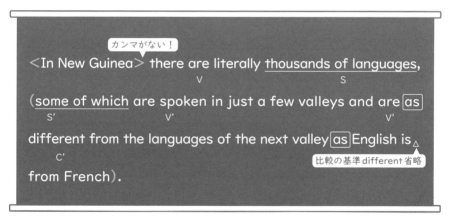

 **thanとasの後ろでは比較の基準が省略される！
同一語句の繰り返しによる省略にも注意**

The 比較級〜, the 比較級…構文の真相

> The more facts and memories you have properly stored in your brain, the more <u>potential</u> you have to make unique combinations and connections.　（お茶の水女子大）

(1)下線部 potential の品詞は何ですか？

(2)訳しましょう。

答案用紙の字は適切なサイズではっきりと書こう。答案用紙だけが、君に与えられたアピール手段なんだ。大切に扱おう。

Clue

The比較級〜, the 比較級…構文になる前段階の文を復元する。

解答と解説

(1)下線部 potential の品詞は何ですか？

㊎ 名詞

　ポイントは the more potential you have to make〜の箇所を正しく読める
かどうかです。結論から言うと、**have to make の部分を have to *do*〜「〜す
る必要がある」**と考え、「作る必要がある」と訳したならば間違いです！

　ではどう読むのが正しいのか、解説をしていきます。そのためにまずは、今
回の英文で使われている **The 比較級〜, the 比較級…構文**の基本を学びましょ
う。簡単なようで、**実は読み間違いが多くなる構文**です！ **文中での移動を伴
う**ことを理解して、元の文を復元できるようにしましょう！

The 比較級〜, the 比較級…構文の基本

形 ＜ **The 比較級 S'V'〜** ＞ **, the 比較級 SV…**
＊V2つめOKサインの例外（第23講参照）。「〜」が副詞節になる。

訳 「〜すればするほど、（ますます）…」

以下の英文を使って、作り方を解説していきます。
The more nicotine you had in your body, the more likely you
were to have high blood pressure. （岩手医科大・本文中）
体の中にあるニコチンの量が多ければ多いほど、高血圧になる可能性が高
くなった。

元は以下の２文があり、以下のプロセスで作られます。
(a) You had more nicotine in your body.
(b) You were more likely to have high blood pressure.
　　　　　　　　↑ likely は形容詞

①比較級に the をつけて、先頭に移動する。
(a) You had |more nicotine| in your body.
　　S　　V　　　O

比較級が修飾している名詞も１セットで先頭へ移動！

|The more nicotine| you had in your body　←OSVの語順に！
　　O　　　　　　　　S　　V

be likely to *do* ~「～する可能性が高い」「～しそうだ」

（b）You were more likely to have high blood pressure.
S   V   O

be likely to *do* ～の形が崩れた！

The more likely you were to have high blood pressure
S   V   O

②2つの文をカンマを間に置いて並べる。

　以上の基本を押さえた上で、今回の英文の正しい読み方を明らかにしていきましょう。まず前半の The more facts ～ in your brain の元の文を考えると、以下のようになります。**Oが先頭に移動した結果、OSVの語順になっている**ことに注意しましょう！

You have properly stored more facts and memories in your brain
S   V   O

比較級が修飾している名詞も1セットで先頭へ移動！

The more facts and memories you have properly stored in your brain
O   S   V

　では、後半の the more potential you have to make unique combinations and connections の元の文はどうなるでしょうか？ 自分で考えて書いてみてから、続きの解説を見てください。

　……それでは解説を続けますね。元の文は以下のようになります。

potential（名詞）to *do* ～「～する可能性」

You have more potential to make unique combinations and connections
S   V   O

potential to *do* ～が崩れた！

the more potential you have to make unique combinations and
O   S   V

connections

　元の文を考えると、have to makeの部分をhave to do～「～する必要がある」と解釈してはいけないことがわかりましたね。**このto make～はto不定詞の形容詞用法で名詞potentialを修飾し、potential（名詞）to do～「～する可能性」を作るものなのです！**　（potential to do～は、第14講の説明で使った大阪大の英文、第15講の問題文にも使われています）

　ちなみにpotentialには形容詞もあり、「潜在的な」や「可能性を秘めた」という意味ですが、**名詞の前に置き修飾する形で使います（a potential threat「潜在的な脅威」）。**ということは、**the 比較級構文になるならば、**修飾している名詞も1セットで先頭に移動するはずです。こう考えても、このpotentialは形容詞でないことがわかります。

　第24講で学んだ関係代名詞や今回のthe比較級構文のような**移動を伴う文法事項**が絡むと、自分が覚えた熟語の形が見た目上崩れてしまうことや、見た目上は熟語に見えるが実はそうではない「なんちゃって熟語」になってしまうことがあります。見た目が当てにならないのです！　**仕組みを理解して、移動が起きる前の元の文を考えるようにしましょう！**

⑵訳しましょう。
㊤ 適切に脳に蓄えてきた事実と記憶が多ければ多いほど、独特な組み合わせやつながりを作る可能性がますます高くなる。

＜The more facts and memories you have|properly|stored in your brain＞, the more potential you have (to make unique combinations and connections).

元は potential to make～
potential to do～「～する可能性」

Code54
The 比較級～, the 比較級…構文は、元の文を考える！
「移動」のせいで見た目が当てにならない！

The 比較級〜, the 比較級…構文の深層

> Continuing to punish yourself only creates a bigger gap between you and your ethics, and <u>the bigger that gap, the greater the chance that you will repeat the unacceptable behavior.</u>
>
> （関西学院大）

(1)下線部を that gapが何を指すかを明確にしながら訳しましょう。

> The 比較級〜, the 比較級…構文を深掘りしていこう。覚えることが多く大変だが、英語学習には複雑な言語事実を受け入れる度量も重要だ。

Words and Phrases

ethics 名 倫理規範

Clue

省略が起きている。

解答と解説

(1)下線部を that gap が何を指すかを明確にしながら訳しましょう。

(答) 自分を罰し続けることで、あなたとあなたの持つ倫理規範との間の隔たり
は大きくなる一方であり、そして、<u>あなたとあなたの持つ倫理規範との間
の隔たり</u>が大きくなればなるほど、その受け入れられない行動を繰り返し
てしまう可能性が大きくなる。

　下線部が that gap の内容です。今回は短く抜粋した英文でしたから簡単
だったでしょう。しかし試験本番では、もっと長い文章から that の指示対象
を探すことが求められました。this, these, that, those などの指示語が示す
内容の具体化は記述問題にせよ記号問題にせよ定番ですが、**直前の内容を指し
ていることが多い**と覚えておきましょう。

　下線部は The 比較級～, the 比較級…構文になっています。前半 the bigger
～と後半 the greater～に分けて解説していきましょう。まずは前半 the
bigger that gap ですが、変な形になっていることに気づきましたか? The
比較級の後ろには SV があるはずですよね。ないのです! V がありません! こ
れはいったいどうなっているのでしょうか?

　種明かしをしましょう。**that gap の後ろに is が省略されています!** 実は
the 比較級構文では be 動詞が省略されることがあるのです! be 動詞の省略
に限らず、the 比較級構文には他にも注意が必要な発展的な知識があります。
以下にまとめましたので、確認しておきましょう!

The 比較級～, the 比較級…の発展的な知識

①と②は絶対に覚えておきましょう。③～⑦までも知っておくと盤石です!
①be 動詞が省略されることがある。
The larger the scale of things△, the more important gravity
becomes. （学習院大・文頭を大文字に改変）
物の規模が大きければ大きいほど、重力は重要になる。
＊前半の things の後ろに is が省略されている。

②the 比較級の節が3回以上繰り返されることもある。前半（副詞節）と
後半（主節）の区切りは and でつながれていないところである。

＜The more patterns and action scripts we have available,＞ the more expertise we have, <u>and</u> the easier it is to make decisions.　　　　　　　　　　　　　　　　　　　　　（東北大）

私たちが利用できるパターンと行動スクリプトが多ければ多いほど、多くの専門知識を持つことになり、決断することが簡単になる。

③be動詞だけでなく主語も省略されることがある。

The more inventive the explanation△, the better△.（横浜市立大）

説明は独創的なものであればあるほどよい。

＊前半の節は explanation の後ろに is が省略されている。後半の節は SV がない。何が省略されているかは無理に考えず、素直に「よい」と訳せば OK です。the better の時に SV の省略が起きることが多いようです。

④"the比較級＋名詞"のカタマリが主語になる時、不要な関係代名詞が置かれることがある。無視してよい。

無視してOK！

＜<u>The more time zones</u> that are crossed rapidly＞, <u>the more</u>
　　S'　　　　　　　　　V'　　　　　　　　　　　　C

<u>severe</u> jet lag symptoms <u>are likely to be</u>.　　　　　（青山学院大）
　　　　　　S　　　　　　　　　　V

短時間で横断するタイムゾーンが多ければ多いほど、時差ボケの症状はますますひどいものになるだろう。

＊The more time zones が S、are crossed が V と解釈しましょう。

⑤"The比較級 <u>that</u> S'V'～, the比較級 SV…"という形になることがある。that は無視してよい。

More specifically, the more years and more hours of practice with an instrument <u>that</u> a person had, the more likely they were to show a positive cognitive change over the course of their life.　　　　　　　　　　　　　　　　　　　　（神戸大）

より具体的には、人が楽器の練習にかけた年数と時間が多ければ多いほど、生涯にわたって好ましい認知能力の変化を示す可能性が高かった。

＊an instrument を先行詞にする関係代名詞の that と勘違いしないように注意。何詞の that なのかにはこだわらず、「無くてもいい that が置かれることがある」という事実を知っておきましょう。

⑥後半の節（主節）がCVSになることがある。

The more we have been able to alter the limits of the body, <u>the greater has been our uncertainty</u> about what constitutes an individual's body.　　　　　　（中央大・文頭を大文字に改変）

私たちが肉体の限界を変えることができるようになればなるほど、個人の肉体とは何なのかについて、ますます確信が持てなくなった。

＊後半はthe greaterがC、has beenがV、our uncertaintyがS。constituteがbe動詞と同じ意味で使えることも覚えておきましょう。

⑦前半と後半の節の順序が変わり、"SV 比較級…＜the 比較級 S'V'〜＞" という形になることがある。

In general, empathy is easier ＜the more we can identify with　someone＞.　　　　　　（杏林大［医］・本文中）

一般的に、誰かと自分を同一視できればできるほど、共感は容易になる。

では後半の節の解説に進みます。後半の節は the greater で始まり、the chance に従属接続詞 that の作る、同格になる名詞節がついています。**同格の that節で説明される時、chance は「可能性」という意味に**なります。that 節は最後までですね。つまり、またもや動詞がないのです！ ということは、**be動詞が省略されているのです！** 最後に is が省略されています。

今回の the greater the chance that SV〜、あるいは the greater the chance of〜はよく使われる形で、be 動詞の省略が頻繁に起きることも覚えておきましょう。

is省略
＜the bigger that gap△＞, the greater the chance ［that you
　　　C'　　　　S'　　　　　　　　　　C　　　　　S　　　同格　　S'

will repeat the unacceptable behavior］△.
　　V'　　　　　　　　　　　O'　　　　　　is省略

The 比較級〜, the 比較級…構文はbe動詞が省略されることあり！
他にもたくさんの発展的な知識があるので要確認

第 **56** 講

noと比較級が組み合わさるとき

> It is true that science requires analysis and that it has fractured into microdisciplines. But because of this, more than ever, it requires synthesis. Science is about connections. <u>Nature no more obeys the territorial divisions of scientific academic disciplines than</u> (1)<u>do</u> continents (2)<u>appear</u> from space to be colored to reflect the national divisions of their human inhabitants. （大阪大）

(1)do について適切なものを選びましょう。

① 動詞の do　　② 助動詞の(疑問文を作る)do　　③ ①②に正解なし

(2)appear は以下の語法のうちどれで使われていますか？

① S appear　　　　　「Sが現れる」
② S appear C　　　　「SはCのように見える・思われる」
③ S appear to do～　　「Sは～ように見える・思われる」

(3)下線部を訳しましょう。

> 重要な構文を理屈から説明したので、解説を例文も合わせてしっかり読んでほしい。

Words and Phrases

fracture動 分裂する　**microdiscipline**名 細かな学問分野　**synthesis**名 統合
S is about～ Sの本質は～だ　**inhabitant**名 住民

Clue

(1)第53講で学んだ知識で解決できる。

解答と解説

(1) do について適切なものを選びましょう。

㊝ ②助動詞の（疑問文を作る)do

　thanの後ろで疑問文の語順、つまり倒置になっています。第53講で学んだ通り、thanの後ろでは倒置が起きることがあります。知っていれば簡単に対応できますが、知らなければ難しいですね。

(2) appear は以下の語法のうちどれで使われていますか？

㊝ ③S appear to do～「Sは～ように見える・思われる」

　選択肢はすべてappearの語法として覚えておくべきものです。appearの直後には前置詞句from spaceが続いている、つまりMが続いています。このことから①S appear「Sが現れる」と判断してしまったかもしれません。しかし、さらに後ろに続くto be coloredの部分でうまく意味がつながらないのではないでしょうか？　実はここは③の語法で、appear to be colored「色づけられているように見える」と読むべきなのです。Mであるfrom spaceが割り込んでいるのが難しいポイントです。

(3) 下線部を訳しましょう。

㊝　確かに科学は分析を必要としており、細かな学問分野に分かれてきた。しかし、このことにより、これまで以上に科学は統合を必要としている。科学の本質はつながりである。宇宙から、住んでいる人間の国の区分を反映するために大陸が色づけられているようには見えないのと同様に、自然は科学の学問分野の領域区分に従わない。

　no more～than…がポイントです。関連する形もここで一緒にまとめておきましょう。形と訳をしっかり覚えておくことが大切です。さらに理屈まで理解しておくことで、応用が利くようになります！

no more～than…系の完全理解

no more～than…　(1)「…(ないの) と同様に～ない」
　　　　　　　　(2)「…と同じ程度にしか～ない」(第41講の英文参照)
理屈として以下の2点を理解しておきましょう。
①比較級の前に数字を置くと「 数字 ぶん比較級」という意味にでき、どれくらいの差があるのかを明確にすることができます。noは「0」(ゼロ)

という意味ですから no more～than… は「…より 0 ぶん more」という意味です。つまり、「…と差がない」＝「同じ」という意味を表します。

②more「より多い」に no「0」がつくことで、「0 ぶん多いってことは、結局**多くないじゃん！ ガッカリ……**」という「**減った**」感じが出ます。「減った」感じ、期待外れな感じから「**否定**」の意味が含まれるのが普通です。

＊この理屈がわかれば、no more than 数字「たった 数字 だけ」も理解ができますね。no がついているので差は 0。no more で否定の意味合いです。

＊ not～any more than…、not any more～than… でも同じ意味を表すことができます。not と any で no が完成すると考えましょう。

No matter how often you do it with three-year-olds, they are just not ready to digest the concept of fairness, any more than they can understand the idea of volume conservation.　　　　　　　　　　　　　　　　　(京都大)

3 歳児には体積保存の概念が理解できないのと同様に、3 歳児と何度それをやろうとも、3 歳児には公平さの概念を理解する準備が少しもできていない。

no less～than…　(1)「…（であるの）と同様に～だ」
　　　　　　　　 (2)「…と同じ程度に～だ」

理屈の①は同じです。②は less「より少ない」に no「0」がつくことで「**0 ぶん少ないってことは少なくないじゃん！ やった！**」という「**増えた**」感じが出て、前向きな「**肯定**」の意味合いが含まれます。

＊この理屈がわかれば、no less than 数字「数字 もの」も理解ができますね。no がついているので差は 0。no less で前向きな肯定です。

While many take the former merely for a product of the latter, the reverse is no less true.　　　　　　(京都大)

前者を単に後者の産物にすぎないと考える人が多いが、その逆もまた同様に正しいのだ。

＊than… が省略されている。take A for B「A を B と考える」

nothing more than～「～にすぎない」←否定的

The countless gadgets on which we now depend are at bottom nothing more than an accumulation of tools.

(同志社大・文頭を大文字に改変)

私たちが今頼っている数えきれないほど多くの機器は、根本的には道具の集まりにすぎない。

＊at bottom「根本的に」

nothing less than～「まさに～だ」「～にほかならない」　←前向き！

In contrast, the shift in the nature of mail is by far the more profound, and its implications are nothing less than revolutionary.

（東京大）

対照的に、手紙の性質における変化はずっと重大なもので、その影響はまさに革命的である。

no more～than…、no less～than…は「…」の部分が少し過激な喩えになることが多くあります。今回の文ならば、「自然は科学の学問分野の領域区分に従わない」という内容を、「宇宙から（地図や地球儀のように）大陸が色づけられているように見えない」という誰が考えても当たり前に真実ではないとわかる喩えを使い、否定の意味合いを強めています。「自然が科学の学問分野の領域区分に従うっていうのは、宇宙から大陸が色づけられているように見えるってことと同じようなものだ。そんなわけないでしょ！」という感じです。

Nature no more obeys the territorial divisions of scientific
　　S　　　　　　　V　　　　　　　　　　O
academic disciplines than do continents appear ＜from
　　　　　　　　　　　　　　倒置！　S'　　　V'
space＞ to be colored ＜to reflect the national divisions
　　　　appear to do～
of their human inhabitants＞.

Code 56

no more～than…「…（ないの）と同様に～ない」
noで差が0、no moreで否定的

盲点となる表現

This will depend less on what the other person says than on how, for , in speaking, we always give listeners clues about what sort of person we are.　　　（中央大）

---

(1) for について適切なものを選びましょう。

　① 前置詞　　　② 等位接続詞　　　③ ①②に正解なし

(2) 訳しましょう。文頭のThisはここに抜粋していない前に出てきた内容を指しており、「（見知らぬ人と話すことで）相手の仕事や社会的地位などがわかること」を意味します。「これ」と訳してかまいません。

文構造のルールを守ろうとする姿勢を忘れないこと！ 読み方が正しいかどうかを、採点官に判断してもらうのではなく自分で判断できるようになろう。

Clue

(1)省略が起きている。

解答と解説

(1) for について適切なものを選びましょう。

答 ②等位接続詞

　for の前の how から読んでいきましょう。how は疑問副詞で**前置詞 on の目的語となる名詞節を作るはず**ですから、**on ［how S'V'〜］** という形を予測しますよね。しかし直後に**カンマで挟まれた for** に出会います。**この for は一体何なのでしょう?**

　for の役割は前置詞、等位接続詞（第38講参照）、to 不定詞の意味上の主語（第14講参照）の３つのうちのどれかです。前置詞なら後ろに名詞があるはずですが、ありませんね。to 不定詞がないので意味上の主語と考えることもできません。では等位接続詞の for でしょうか? 等位接続詞の for は "SV〜, for SV…" という形で使うのでしたね。M である in speaking の後ろに、we(S) give(V) が見つかります。ということは等位接続詞の for でしょうか?

M始まりカンマ　　　　M終わりカンマ

, for, ＜ in speaking ＞, we always give〜
　等接　　　　　　　　M　　　　　　S　　　　　　V

　いや、ちょっと待ってください! for が等位接続詞で we give の存在を許す V2つめ OK サインとして機能するならば、how はどうなるのでしょう? **文の途中で出会った how は、疑問副詞であろうと、関係副詞であろうと名詞節を作る**ことになります（関係副詞 how は先行詞を省略しますから名詞節になります。第29講の名詞節を作るもの一覧も参照してください）。**「節」を作るということは、SV があるはずなのです。**

　問題点をまとめます。how も for も V2つめ OK サインだとするならば、how 以降には SV が２セット見つからなければなりません。しかし、**we give しかないのです!**（さらに後ろにある we are の存在を許すのは疑問形容詞 what です）。一体どう読めばいいのでしょう……?

　種明かしです。疑問副詞 how の後ろの SV が省略されているのです! 省略を復元すると **how the other person says** となります。**the other person says が同じ表現の繰り返しになるから省略**されているのですね。今回のように**疑問詞が単体で使われる**ことは決して珍しくありません。

もうひとつ例を見ておきましょう。

疑問詞が単体で使われる英文

Perhaps more intriguing than exactly when or where dogs became domesticated is the question of *how*△.（東京医科歯科大）
ひょっとすると、正確にはいつどこで犬が家畜化したのかより興味をそそるのは、どのように家畜化したのかという問題だ。
＊CVSになっています。more intriguing が C、is が V、the question が S です。文末の *how* の後ろには dogs became domesticated が省略されています。

forは等位接続詞で、we(S) give(V) の存在を許す V2つめ OKサインです。これで V2つめ OKサインの数と SV の数を適切にすることができました！

(2)訳しましょう。

㊜ これは相手が言う内容というより、言い方によってわかるだろう。というのも、しゃべる時に、私たちは聞き手に自分がどのような人間なのかについての手がかりを常に与えるからだ。

less on what the other person says than on how の部分を正しく訳せたでしょうか？ less A than B は「AというよりB」という意味になります。more A than B「BというよりA」に比べると盲点になりやすく、受験生が苦手な否定語である less も絡むことで、誤訳が多くなる表現です。内容一致問題の選択肢で使われることもあり、要注意です。

more A than B も less A than B も、AとBに文法上対等なものを置き、等位接続詞に相当する表現（第39講も参照）かのように使うことができることも覚えておきましょう。今回の文では on what〜と on how がつながれています。こう考えると、等位接続詞の後ろでの同一語句の繰り返しによる省略と捉えることもできますね（第40講参照）。

⎰ on what the other person says
⎱ on how （**the other person says**）

less A than B の英文をもう1つ見ておきましょう。

242

less A than Bの英文

Our expressions are |less| a mirror of what's going on inside |than| a signal we're sending about what we want to happen next.
（一橋大・文頭を大文字に改変）

私たちの表情は内面で起きていることを映し出すものというより、次に起きてほしいことについて私たちが送っている合図である。

＊2つめの関係代名詞whatは節の中でwantのOです。want O to do「Oに〜してほしい」のOが関係代名詞になって先頭に移動しています。

depend on は **「〜に頼る」「〜次第である」** という訳を覚えておくべきですが、" |結果| depend on |原因| " というふうに、**因果関係を表すこともある**と知っておくと、訳の工夫がしやすくなります。「相手の言い方」が原因となり、「これ」（＝相手の仕事や社会的地位などがわかること）が可能になるという結果を表しています。

what the other person saysの直訳は「相手が何を言うか」、how（the other person says）の直訳は「相手がどのように言うか」です。直訳でも全く問題ありませんが、それぞれ「言う内容」と「言い方」と訳し、whatとhowの対比がよりわかりやすいように訳しました。

what sort of person we areは直訳通り「私たちがどんな種類の人間か」と訳してもかまいません。

less A than B「AというよりB」
This will depend |less| < on [what the other person says] >
S   V   O'   S'   V'

|than| < on how△ > , for, < in speaking > , we always give
    単体！   等接   S   V

listeners clues (about [what sort of person we are]).
O₁   O₂   C'   S'   V'

Code57

less A than B「AというよりB」は盲点になりがちなので注意！

切れ目探しは慎重に!

> Just how a brief, casual stroll alters the various mental processes related to creativity remains unclear.
>
> （学習院大）

(1)主節のSVを指摘しましょう。

(2)訳しましょう。

英文解釈の力は、本文の読解だけでなく、内容一致問題の選択肢を正確に読む上でも重要だ。せっかく本文が読めているのに、選択肢を誤読して間違ってしまうのはもったいない! 選択肢も気を抜かず読むように!

Words and Phrases

casual 形 何気ない　　stroll 名 散歩　　alter 動 を変える

Clue

howの後ろのaとセットになる名詞は?

解答と解説

(1)主節のSVを指摘しましょう。

(答) S: Just how a〜to creativity　　　　　V: remains

　Just は how を修飾し、「いったい」という意味です。文が？ではなく．で終わっているので、この how は疑問文を作るわけではありません。そうなると how の役割は名詞節を作ることに絞られます。how の作る名詞節がSです。では how の作る名詞節はどこまででしょう？ 続きを読むと、a brief の後ろにカンマがあります。ここで切れそうです。

　いや、ちょっと待ってください！ ここで how 節が終わるとしたら、how 節のSVはどこにあるのでしょうか？ さらに、brief は「短い」や「簡潔な」という意味の形容詞として覚えているのではないでしょうか？ 冠詞 a に対する名詞がないことも気になります。一体、どうなっているのでしょう……？

　種明かしをしますね。ここでは、カンマで how 節が切れると読んでは間違いです！ a brief, casual stroll が how 節のSです。casual も brief も、stroll を修飾します！ **"形容詞①，形容詞② 名詞"という形は、形容詞①も形容詞②も名詞を修飾し、「形容詞①で形容詞②な名詞」**と読むことを覚えておきましょう。カンマで切ってしまわないように注意してください！

(2)訳しましょう。

(答) 創造力と関わるさまざまな心的過程を、短い時間の何気ない散歩がいったいどのように変えるのかは明らかでないままである。

形容詞①，形容詞② 名詞「形容詞①で形容詞②な名詞」

[Just how a brief, casual stroll alters the various mental
S　　　　　　切らない！　　　 S'　　　 V'
processes (related to creativity)] remains unclear.
　　O'　　　　　　　　　　　　　　　　V　　　C

"形容詞①，形容詞② 名詞"「形容詞①で形容詞②な名詞」
カンマで切らないよう注意!

カンマに隠された意味を暴け!

Granovetter* realized that people were not finding work through close friends and family members, but through extended networks of "acquaintances." <u>These weaker (1)|yet| highly effective connections, which researchers were aware of (2)|but| whose theoretical and practical importance they had largely ignored, were in reality a powerful force.</u>

（大阪医科薬科大）

*Granovetter　グラノヴェッター（研究者の名前）

---

(1)|yet|の品詞と訳を答えましょう。

(2)|but|がつないでいるものは何と何であるかを答えましょう。

(3)下線部を訳しましょう。

本書ではたびたびカンマの使用に言及してきた。カンマのせいで読み間違う学習者が多いからだ。物言わぬカンマに隠された意味まで読み取ってほしい。

Words and Phrases

acquaintance 名 知人

Clue

(3)関係代名詞whichの前のカンマがポイント。

解 答 と 解 説

(1) yet の品詞と訳を答えましょう。

🅐 等位接続詞「(だ) が」

形容詞weaker と形容詞 (highly) effective をつなぐ等位接続詞です (第38講参照)。

(2) but がつないでいるものは何と何であるかを答えましょう。

🅐 which researchers were〜と whose theoretical and practical〜

関係代名詞節と関係代名詞節をつないでいます。先行詞は These weaker yet highly effective connections です。

(3) 下線部を訳しましょう。

🅐 人々は親しい友人や家族を通してではなく、「知人」という広範囲のネットワークを通して仕事を見つけていることに、グラノヴェッターは気づいた。これらのより弱いがとても効果的なつながりは、研究者たちが認識はしていたが、その理論的な重要性も実際の重要性もほとんど無視してきたものなのだが、実際には強大な力であった。

, which researchers〜largely ignored, の部分を全体の中でどのように訳出しているかがポイントです。関係代名詞whichの前にカンマがついており、**非制限用法**になっていますね。**実は非制限用法の訳出にはコツがあります!**まずはそのコツを学びましょう。

非制限用法の関係詞の訳出

非制限用法の関係詞の使い方と訳は以下の2つに分けることができます。

①先行詞に対するただの補足説明
→訳し上げでも (後ろから訳す)、訳し下ろしでも (前から訳す)、適切になる方で訳す。

②「そして」(順序を表すand)、「が」(but/though)、「なぜなら」(for/because) といった接続語句の意味が含まれている。
→含まれている接続語句を補って訳し下ろすと、はっきりしたわかりやすい日本語になる!

＊①なのか②なのかはっきりしないこともよくあります。そんな時はまず訳し下ろしから考えてみて、それで適切な日本語にならないなら訳し上げる……という順序で考えましょう。

それぞれの例を見てみましょう。

①先行詞に対するただの補足説明

If each individual knows around 500 people, which is the average size of a lot of networks, and each of them knows another 500, the study object quickly becomes unmanageable. (大阪医科薬科大)

もしそれぞれの人が、多くのつながりの平均的なサイズである約500人の人を知っており、その500人のそれぞれがさらに500人を知っているならば、その研究対象はすぐに手に負えなくなる。

＊around 500 peopleがどのようなものなのか、「ちなみに」という感じで説明しています。文の途中の位置ということもあり、ここでは訳し下ろしより訳し上げが適切です。

②「そして」（順序を表すand）、「が」（but/though）、「なぜなら」（for/because）といった接続語句の意味が含まれている。

Furthermore, reducing air pollution is not easy, especially in quickly developing countries, where the emphasis is on economic rather than environmental welfare. (北海道大)

さらに、大気汚染を減らすことは特に急速に発展しつつある国では簡単ではない。なぜなら、そういった国では、環境福祉より経済が重視される**から**だ。

＊関係詞節の前で「。」で切ってしまってもOKです。

直前の文全体、または一部の内容を先行詞にできる非制限用法のwhich（第29講参照）も同様です。

Someone suggested the camera needs to be on the front to allow for video calls, which didn't happen in practice until 2003. (京都大)

ビデオ通話ができるようにカメラは前側にあるべきだと提案する人もいた**が**、それは2003年まで実現しなかった。

今回の英文は①と②のどちらでしょうか？ 結論から言えば、②です。「が」**（though）という接続語句の意味が含まれています**ね。「研究者たちが認識はしていたが、その理論的な重要性も実際の重要性もほとんど無視してきた」とはつまり、**「軽視してきた」**ということですね。**しかし、**「実際には（in reality）強大な力」なのです。つまり、**「大切」**なんですね。端的にまとめれば、**「研究者は軽視してきたが、実は大切！」**という内容です。

ちなみに、訳し上げてみると以下のようになります（下線部が関係詞節）

研究者たちが認識はしていたが、理論的な重要性も実際の重要性もほとんど無視してきたこれらのより弱いがとても効果的なつながりは、実際には強大な力であった。

こう訳してしまうと、in reality「実際には」という前の内容との対比を表す表現が活きません。「とても効果的なつながり」というプラスの意味が「実際には」の直前にあり、「実際には」の後ろも「強大な力」というプラスの内容になってしまっており、対比になりません。一方で「が」を補って訳し下ろすと、「研究者たちが認識はしていたが、理論的な重要性も実際の重要性もほとんど無視してきた」というマイナスな内容が「実際には」の直前にくるので、対比が活きるんです！

[訳し上げ]
（×）プラス内容 [in reality「実際には」] プラス内容 ←対比が活きない！

[訳し下ろし]
（○）マイナス内容 [in reality「実際には」] プラス内容 ←対比が活きる！

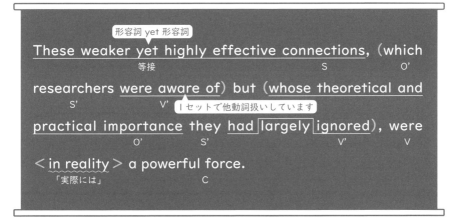

 Code 59
非制限用法は接続語句を補って訳し下ろすことを考えてみる！
「そして」、「が」、「なぜなら」などを補って訳すとよい！

こんなのあり!?

> Researchers, in the paper on music and spatial task performance, reported that (1)<u>listening</u> to as little as ten minutes of Mozart's music produced an elevation in brain power lasting ten to fifteen minutes, (2)<u>a finding</u> that triggered much of the current interest in the positive effect of music on learning.
>
> （京都大）

(1)下線部(1)listeningについて適切なものを選びましょう。

　①進行形　　　　②動名詞　　　　　　　③現在分詞の形容詞用法

　④分詞構文　　　⑤知覚・使役動詞のC

(2)下線部(2)a finding以降はどのように解釈しますか？

(3)訳しましょう。

> 失敗か成功かではなく、失敗の先に成功があるのだという考え方を持って頑張ってほしい。始めるだけじゃなく継続ができるあなたを尊敬し、応援しています!

Words and Phrases

　spatial 形 空間の　　**elevation** 名 上昇　　**trigger** 動 を引き起こす

Clue

　(2)どう読めば意味が通じるか考えよう。

解 答 と 解 説

(1)下線部(1)listeningについて適切なものを選びましょう。

(答) ②動名詞

　listening to～Mozart's musicがthat節のSになっています。ちなみに**as little as ten minutes**は「**ほんの10分だけ**」という意味です。"as～as 数字関連の言葉"の形で、「～」とあわせて 数字関連の言葉 を強調します。例えば、**as many as 500 books**なら「**500冊もの本**」と多さを強調します。ここではas little as ten minutesは10分の少なさを強調しています。

(2)下線部(2)a finding以降はどのように解釈しますか?

(答) **[解答例①]** 前の文の内容と同格になっている。

　[解答例②] a findingの前にwhich is[was] が省略されている。

　"**～, 名詞**"という形になっていますから、まずは**同格**を考えるでしょう。同格とは、"**名詞A(,) 名詞B**"という形で、「**名詞A＝名詞B**」という意味を表すのでしたね（第3講参照）。しかし、a finding「研究結果」と同格関係になれそうな名詞が見つかりません。名詞の主な役割であるS・O・C・前置詞のOにもなりそうにありませんし、副詞的目的格（第3講参照）でもなさそうです。

　では次に、意味の面から考えてみましょう。a findingの後ろにあるthatは直後に動詞triggeredが続いているので関係代名詞です。直訳してみると「**学習への音楽の好ましい効果に対する現在の関心の多くを引き起こした研究結果**」です。……前の内容の「**研究者が～と報告したこと**」＝「**～な研究結果**」という意味になりそうな気がしませんか? つまり、まるで前の文の内容とa findingが同格の関係にあるかのように読みたいのです。しかし、文と名詞が同格になるなんて、そんなことできるのでしょうか?

　できるのです! 今回の英文のように"**完全文～, 名詞…**"という形で、前の文「～」の内容と名詞が同格のような関係になる形は、実は珍しくありません。また、この形は「直前の文全体、または一部の内容を先行詞にできる」非制限用法のwhichとis(あるいはwas)が省略されているという考え方もあり、これを解答例②としました。前の文の内容と同格と考えるか、which is[was] の省略と考えるかはどちらでもかまいません。**大事なのは"完全文～, 名詞…"という形があり、「～。それは…」と読めるという事実を知っておくことです。**さらに実際の英文を見ておきましょう。

Most urban workers, in fact, depended on baker's bread as the staple of their diet, a pattern that dates to the earliest years of the Industrial Revolution in England.　(同志社大)

実際、大多数の都市部の労働者は、彼らの食事の主食としてパン屋のパンに頼っていた。それはイングランドでの産業革命最初期にさかのぼる習慣である。

Scientists observed that the confused fish consumed 20 to 30 percent more oxygen, a sure sign of distress.

(奈良県立医科大)

混乱した魚は20%から30%多くの酸素を消費したことに科学者たちは気づいた。それは苦痛を示す確かなしるしであった。

　同格について、さらに発展的な知識を追加しておきます。実は、**名詞でなくても、文法上対等なものならば、カンマを使って並べることで同格（言い換え）のようにすることができる**ことも知っておきましょう。"前置詞句 , 前置詞句"や、"to不定詞 , to不定詞"、"that節 , that節"などもあります。ひとつ英文を見ておきましょう。

名詞以外の同格のような例

Fireflies not only flash in harmony — they flash in rhythm, at a constant tempo.　(京都大)

ホタルは調和を保って光るだけではない。ホタルはまた、リズム良く、一定のテンポで光る。

＊前置詞句in rhythm「リズム良く」とat a constant tempo「一定のテンポで」が同格のように並べられています。訳す際は「つまり」など同格（言い換え）のような関係がはっきりする訳語を補ってもいいですし、はっきり出さずに訳してもいいでしょう。

(3)訳しましょう。

答 音楽と空間課題の出来についての論文の中で、モーツァルトの音楽をほんの10分聞くことで、10分から15分続く知力の向上がもたらされると研

究者たちは報告した。それは、音楽が学習に及ぼす好ましい効果に対する現在の関心の多くを引き起こした研究結果であった。

reported that の that 節は、listening〜を**無生物主語**として**「10分聞くことで」**を原因として訳しています（第31講参照）。直訳通り、「モーツァルトの音楽をほんの10分聞くことは、10分から15分続く知力の向上を生み出す。」と訳してもかまわないでしょう。

the positive effect of music on learning は直訳をすると、「学習への音楽の好ましい効果」です。これでもかまいませんが、the effect of A on B はよく使われる形で、「AがBに及ぼす影響［効果］」と訳すとはっきりとした訳になります。

Researchers, ＜in the paper on music and spatial task
  S
performance＞, reported [that [listening to as little as ten
          V   O   S'   [少なさを強調]
minutes of Mozart's music] produced an elevation in brain
                      V'   O'
power (lasting ten to fifteen minutes)], a finding (that
                 [前の文の内容と同格！]   S'
triggered much of the current interest in the positive effect
  V'   O'   [interest in〜「〜に対する関心」]
of music on learning).
[the effect of A on B「AがBに及ぼす影響［効果］」]

"完全文〜, 名詞…"「〜。それは…」
前の文の内容と名詞が同格のような関係になる

Code 一覧表

Code1	最初に出会う前置詞のつかない名詞がSになる
Code2	名詞の主な役割は①S ②O ③C ④前置詞のO
Code3	名詞の役割は ① S ② O ③ C ④ 前置詞のO ⑤ 同格 ⑥ 副詞的目的格
Code4	英語の品詞は「見た目」ではなく、文中での「使われ方」で決まる
Code5	副詞節中では "S + be動詞" が省略されることがある
Code6	形容詞のカタマリが長くなると、名詞の後ろから修飾する形になる
Code7	第4文型（SVO$_1$O$_2$文型）の動詞の意味の系統は ①「与える」②「与えない」③「取り去る[奪う]」
Code8	MVS(← SVM)、CVS(← SVC)、SVCO (← SVOC) を見抜け
Code9	否定の副詞（句）が先頭にあれば、 主節が疑問文の語順（倒置）になることを予測せよ！
Code10	VMOの語順ではOの発見が難しくなるので注意せよ！
Code11	VOMCの語順ではCの発見が難しくなるので注意せよ！
Code12	動詞の活用形から述語動詞と準動詞を見極めよ！
Code13	S is to do ～の形は①to不定詞の名詞用法か②be to不定詞
Code14	for A to do ～「Aが～する」
Code15	"名詞 ～ing" は動名詞の意味上の主語の可能性あり！
Code16	1語なのに名詞の後ろに置かれる過去分詞の形容詞用法を見抜け！
Code17	SV…, 名詞 ing[p.p.] ～は分詞構文の意味上の主語の可能性あり
Code18	付帯状況のwithの訳は ①「 名詞 が～な状態で」②「 名詞 が～ので」③「…、 名詞 は～」
Code19	2つめ以降のVを見つけたら、V2つめOKサインを探せ！
Code20	V2つめOKサインのthatは従属接続詞か関係代名詞
Code21	離れた so～that…に注意せよ！
Code22	従属接続詞onceは盲点になりがちなので注意せよ！
Code23	V2つめOKサインの例外ルール①SV挿入を見抜け！
Code24	関係代名詞に節中でS・O・C・前置詞のOのどれかの役割を与え、 どこから先頭に移動してきたのか見抜け！
Code25	関係副詞whereの先行詞は「場所」だけではない！
Code26	先行詞は直前とは限らない。「形」と「意味」をチェックせよ！
Code27	関係代名詞に節中での役割を与え、連鎖関係代名詞を見抜け！
Code28	"先行詞 前置詞 関係代名詞 to do ～" の形を見抜け！
Code29	非制限用法のwhich(, which～)は、直前の文全体、 または一部の内容を先行詞にできる！
Code30	whatever節（副詞節）では、be動詞が省略されることがある！

Code31	無生物主語の文は「無生物主語が原因となって、Oは〔が〕〜」という因果関係が表されていることが多い
Code32	名詞構文を見抜き、動詞や形容詞に書き換えて訳す！
Code33	名詞構文を動詞に書き換える時は受動態になることもある！
Code34	「形」と「意味」を両立させて等位接続詞がつなぐものを発見せよ！
Code35	等位接続詞がたくさんあっても基本フォームは同じ！丁寧に「形」と「意味」を両立させること！
Code36	等位接続詞が3つ以上をつなぐ形は特に誤読が多くなるので注意！
Code37	A and(,) M(,) B の形に注意！等位接続詞直後のカンマはMの目印
Code38	等位接続詞 for と yet は盲点になりがちなので注意せよ！
Code39	A as well as B「Bだけでなく Aも」は等位接続詞のように文法的に対等なものどうしをつなぐことができる！
Code40	等位接続詞の後ろで変な形を見たら省略を疑え！
Code41	be動詞の後ろの同一語句の省略に注意せよ！
Code42	No S V〜は Any S not V〜に書き換えると意味がはっきりする！
Code43	not と necessarily は部分否定！「必ずしも〜とは限らない」
Code44	(As) X as SV〜「〜だが」
Code45	従属接続詞 as「ように」は形で判断できることが多い！
Code46	名詞限定の as「〜ような名詞」
Code47	(Just) As S'V'〜, so SV…　①「〜ように…」②「〜つれて…」
Code48	強調構文の It を「それ」と訳さないように注意！
Code49	It is this〜that…は強調構文の可能性が高い！
Code50	It is 名詞 that…that〜の形に注意！ 文構造と意味から、どちらが強調構文を作る that なのか判断する！
Code51	主節の後ろで仮定法 if 省略で倒置が起き、カンマもない形に注意！
Code52	otherwise「そうでなければ」は仮定法 if 節に相当することがある！
Code53	than と as の後ろでは比較の基準が省略される！
Code54	The 比較級〜, the 比較級…構文は、元の文を考える！
Code55	The 比較級〜, the 比較級…構文は be動詞が省略されることあり！
Code56	no more〜than…「…(ないの)と同様に〜ない」
Code57	less A than B「AというよりB」は盲点になりがちなので注意！
Code58	"形容詞①, 形容詞② 名詞"「形容詞①で形容詞②な名詞」
Code59	非制限用法は接続語句を補って訳し下ろすことを考えてみる！
Code60	"完全文〜, 名詞…"「〜。それは…」

【著者紹介】

杉村　年彦（すぎむら・としひこ）

◉──TOEIC L&R 990点満点取得。第2回英語講師オーディションファイナリスト。

◉──大学受験生を指導して早十数年。1名ずつ指名をしながら「対話を通してわからないところを引き出す」授業スタイルを実践し続けている。これまでに500名以上の生徒と対話を行い、彼ら彼女らを志望校へと送り出してきた。現在は京都医塾にて下位クラスから最上位クラスまで幅広い層の受験生を対象に授業を行っている。第一志望合格という目標達成に向かうなかで、「英語ってけっこう面白い！」と思ってもらえるように、熱意をもって日々奮闘中。

◉──同志社大学在籍時、薬袋善郎氏の『英語リーディング教本（研究社）』を手にとったことで英文解釈の奥深さを知り、1年間大学へ行かずに英文解釈に没頭した結果、留年をした経験がある。大学に入ってから英文解釈の価値と楽しさを知った経験があるがゆえに「生徒には大学に入る前の時点で、きちんと知識を身につけてほしい」との想いが人一倍強い。

◉──本書は親しみやすい文体で、難関大レベルの英文解釈のプロセスを基本から学ぶことができる。極端に難し過ぎる英文を避けているからこそ、難関大学で繰り返し出題されている頻出のポイントを効率よく学べる一冊となっている。

明日を変える。未来が変わる。

マイナス60度にもなる環境を生き抜くために、たくさんの力を蓄えているペンギン。
マナPenくんは、知識と知恵を蓄え、自らのペンの力で未来を切り拓く皆さんを応援します。

マナPenくん®

難関大に合格する 英文解釈 Code70

2024年7月8日　　第1刷発行
2024年9月9日　　第2刷発行

著　者──杉村　年彦
発行者──齊藤　龍男
発行所──株式会社かんき出版

　　　　　東京都千代田区麹町4-1-4 西脇ビル 〒102-0083
　　　　　電話　営業部：03(3262)8011代)　編集部：03(3262)8012代)
　　　　　FAX　03(3234)4421　　　　　振替　00100-2-62304
　　　　　https://kanki-pub.co.jp/

印刷所──ベクトル印刷株式会社